**Gao Yuan, Lock den Tiger aus den Bergen**

# LOCK DEN TIGER AUS DEN BERGEN

## 36 Weisheiten aus dem alten China für Manager von heute

### von
### Gao Yuan

**Rudolf Haufe Verlag**
**Freiburg im Breisgau**

Die Deutsche Bibliothek – CIP-Einheitsaufnahme

**Gao, Yuan:**
Lock den Tiger aus den Bergen : 36 Weisheiten aus dem alten China für
Manager von heute / von Gao Yuan. [Einzig berecht. Übers. aus dem
Amerikan. von Mara Huber]. – Freiburg im Breisgau : Haufe, 1991
(Haufe Management-Praxis
Einheitssacht.: Lure the tiger out of the mountains <dt.>
ISBN 3-448-02508-9

ISBN 3-448-02508-9                                    Bestell-Nr. 01.38

Umschlagentwurf: Philippe Dudek, Freiburg i. Br.
Satz: Fotosatz typoservice GmbH, Achern
Druck: F.X. Stückle, 7637 Ettenheim

# Vorwort

Dieses Buch wird Sie in die Tiefen der fünftausendjährigen
Geschichte Chinas führen – mit seinen unzähligen, wahren
und apokryphen Geschichten von menschlicher Weisheit und
Torheit, Sorgfalt und Kühnheit, Treue und Undankbarkeit,
von Sieg und Niederlage. Die in diesem Werk vorgestellten altehrwürdigen Sechsunddreißig Listen – ein im Westen immer
noch wenig bekanntes Kompendium altchinesischer Weisheiten – faszinieren durch ihre Schlichtheit und Direktheit, und
sie haben im Laufe der Geschichte nichts von ihrer Gültigkeit
und Wirkung eingebüßt. Die Sechsunddreißig Listen sind von
praktischem Nutzen für jeden, der die Dynamik von Geschichte, Politik, Wirtschaft und menschlichen Beziehungen
verstehen möchte und seinem Leben oder seiner Karriere neue
Impulse geben will. Sie geben auch konkrete Ratschläge, die
auf alles angewendet werden können – von der Brautwerbung
bis zum Verkaufen, vom Tennis bis zur Technologie, vom Lehren bis zur Produktion. Ob Sie ein neues Unternehmen gründen oder ein bestehendes verbessern, ob Sie auf vertrautem
Boden oder in unerforschtem Territorium sind, ob Sie der Un-
terlegene sind, einer unter Gleichen oder die einsame Spitze –
die Sechsunddreißig Listen werden mit Sicherheit etwas für
Ihre Situation unmittelbar Relevantes erbringen.
Insgesamt genommen lehren die Sechsunddreißig Listen eine
Art, zu denken. Sie sind ein Mittel, um das Verhalten anderer
Menschen zu verstehen, sowohl bewußtes als auch unbewußtes
Handeln, und um alle Arten von Situationen zu analysieren,
ob sie nun geplant oder ungeplant entstehen. Menschen, die
die Sechsunddreißig Listen beherrschen, werden fähig sein,
Lösungen zu Problemen aller Art zu entwickeln und sich allen
Launen des Zufalls anzupassen.

*Freiburg, im Juni 1991*                    *Der Verlag*

*Für meinen zweiten Sohn, Gabriel Tianjao Gao,*
*in der Hoffnung, daß seine Generation*
*diese alte militärische Weisheit nutzt,*
*um Frieden zu führen statt Krieg*

# Danksagung

Die wichtigste Quelle der Inspiration für dieses Buch waren meine Erinnerungen an meinen verstorbenen Großvater Fu Zhong. Ich erfuhr zum erstenmal als Kind von den Sechsunddreißig Listen, als ich seinen Gutenachtgeschichten von den Drei Reichen lauschte.

Ich danke meinem älteren Bruder, Gao Han, einem Fachmann für militärische Strategie, der ebenfalls von Großvaters Geschichten profitiert hat, für seine große Hilfe bei den Recherchen für dieses Buch.

Auch Meister Lao Xin bin ich dankbar, dessen Vorlesungen über Taoismus mir tiefe Einsichten über das Leben vermittelt haben; ich danke David Packard für seine Begeisterung über mein Manuskript; Harold Leavitt, Professor für Psychologie und Organisationsverhalten an der Stanford Business School, für seine Ermutigung, einen Verleger dafür zu finden; Ted Polumbaum für die vielen Diskussionen und Debatten, die mein Denken geschärft haben; und Nyna Polumbaum dafür, daß sie mich mit der richtigen Literaturagentin zusammengebracht hat.

Ich danke auch meiner Agentin Faith Childs für ihre Unterstützung und Kompetenz sowie meinem Herausgeber Bob Asahina und seiner Assistentin Belinda John für ihr Vertrauen in meine Arbeit. Schließlich gilt mein Dank Judy Polumbaum, die meine Prosa mit Geschick und Sorgfalt umgeschrieben und auch ein Stück ihrer eigenen Weisheit beigesteuert hat.

*Gao Yuan*

# Inhalt

Vorwort ........................................  5

Danksagung ....................................  7

Einführung ....................................  13

**Teil I: Listen für den Überlegenen**

List 1
**Überquere das Meer, indem du den Himmel täuschst**  21

List 2
**Belagere das Reich Wei, um das Reich Zhao zu retten**  26

List 3
**Töte mit einem geborgten Messer** .................  32

List 4
**Entspanne dich, während der Feind sich erschöpft** ....  38

List 5
**Plündere ein brennendes Haus** ....................  43

List 6
**Greife zum Schein im Osten an und schlage im Westen
zu** ...........................................  47

**Teil II: Listen für die Konfrontation**

List 7
**Mache etwas aus nichts** ..........................  55

List 8
**Gib vor, einen Weg zu gehen, und schleiche einen
anderen entlang** ................................  60

List 9
**Beobachte die Feuer am anderen Flußufer** . . . . . . . . . .  65

List 10
**Verbirg einen Dolch in einem Lächeln** . . . . . . . . . . . . .  69

List 11
**Opfere den Pflaumenbaum für den Pfirsichbaum** . . . .  72

List 12
**Nutze die Chance, eine Ziege zu stehlen** . . . . . . . . . . . .  77


**Teil III: Listen für den Angriff**

List 13
**Schlage das Gras, um die Schlange aufzuscheuchen** . . .  85

List 14
**Erwecke eine Leiche von den Toten** . . . . . . . . . . . . . . . .  90

List 15
**Lock den Tiger aus den Bergen** . . . . . . . . . . . . . . . . . . .  94

List 16
**Fange den Feind, indem du ihn vom Haken läßt** . . . . .  98

List 17
**Wirf einen Ziegel, um Jade anzulocken** . . . . . . . . . . . . 104

List 18
**Fange den Anführer, um die Banditen zu schnappen** . . 110

## Teil IV: Listen für wirre Situationen

List 19
**Stiehl das Feuerholz unter dem Kessel** . . . . . . . . . . . . . 117

List 20
**Fische in aufgewühltem Wasser** . . . . . . . . . . . . . . . . . . 124

List 21
**Streife den Panzer der Zikade ab** . . . . . . . . . . . . . . . . . 128

List 22
**Schließe die Tür, um den Dieb zu fangen** . . . . . . . . . . . 133

List 23
**Schließe Freundschaft mit einem fernen Staat, während
du einen Nachbarn angreifst** . . . . . . . . . . . . . . . . . . . . . 139

List 24
**Verschaffe dir freien Durchzug, um das Reich
Guo zu erobern** . . . . . . . . . . . . . . . . . . . . . . . . . . . . . . . 145

## Teil V: Listen, um Boden zu gewinnen

List 25
**Ersetze die Balken und Pfosten durch morsches Holz** . 151

List 26
**Zeige auf den Maulbeerbaum und verfluche die
Heuschrecke** . . . . . . . . . . . . . . . . . . . . . . . . . . . . . . . . . 159

List 27
**Spiele den Dummen und bleibe schlau** . . . . . . . . . . . . . 162

List 28
**Zieh die Leiter nach dem Aufstieg weg** .............. 166

List 29
**Schmücke den Baum mit falschen Blüten** ............ 170

List 30
**Laß Gastgeber und Gast die Plätze tauschen** ........ 175


**Teil VI: Listen für Zwangslagen**

List 31
**Benutze eine Frau, um einen Mann zu ködern** ....... 183

List 32
**Stoße die Tore der leeren Stadt auf** ................. 189

List 33
**Laß den Spion des Feindes Zwietracht im eigenen
Lager säen** ...................................... 193

List 34
**Verwunde dich selbst, um das Vertrauen des
Feindes zu gewinnen** ............................. 199

List 35
**Kette die Kriegsschiffe des Feindes zusammen** ....... 204

List 36
**Weglaufen** ...................................... 211

**Anhang:
Chronologie chinesischer Dynastien** ............ 219

# Einführung

Der amerikanische Traum besagt, daß jeder durch harte Arbeit und Sparsamkeit im Leben und im Beruf erfolgreich sein kann. In der komplexen Welt von heute und dem halsabschneiderischen Milieu der Wirtschaft funktioniert dieses simple Rezept freilich nicht mehr.

Immer mehr Menschen des Abendlandes suchen in der östlichen Weisheit Hilfe, um mit den Herausforderungen und Belastungen des modernen Lebens fertig zu werden. Manche haben Inspiration in der toleranten und nichtmaterialistischen Philosophie des Zen-Buddhismus gefunden. Andere versuchen, die künftigen Schlenker und Knicke ihres Lebensweges vorauszusagen, indem sie Münzen werfen oder die Deutungen von Hexagrammen in dem chinesischen Klassiker I Ching (Buch der Wandlungen) studieren. Manche suchen den Schlüssel zur Lenkung der Ereignisse in den Verbindungen zwischen Naturgesetzen und den Gesetzen des menschlichen Verhaltens, wie sie der chinesische Philosoph Lao Zi in dem klassischen taoistischen Text Dao De Jing (Der Weg der Macht) darlegt. Andere haben beschlossen, in der Schlacht dem Rat des altchinesischen Militärstrategen Sun Zi zu folgen, der Sun Zi Bingfa (Die Kunst des Krieges) geschrieben hat.

Dieses Buch stellt ein Kompendium altchinesischer Weisheit vor, das im Abendland wenig bekannt ist – die altehrwürdigen Sechsunddreißig Listen. Im Gegensatz zu Die Kunst des Krieges und Der Weg der Macht stammen diese Listen nicht von einem einzigen Genie, sondern von zahllosen Militärführern und Taktikern, Politikern, Kaufleuten, Philosophen, Schriftstellern und sogar gewöhnlichen Menschen. Sie wurden nicht alle auf einmal und an einem Ort niedergeschrieben, sondern über fünf Jahrtausende allmählich ausgearbeitet, erweitert und vervollkommnet – in Kriegen, Staatsstreichen, Hofintrigen, wirtschaftlicher Innovation und Konkurrenz, selbst in der Entwicklung des chinesischen Go (Weiqi), eines Spiels, das mit $10^{761}$ möglichen Kombinationen weit komplizierter ist als das westliche Schach mit seinen nur $10^{120}$ möglichen Kombinationen.

Diese Erzählungen stammen aus vierundzwanzig Bänden historischer Chroniken; darunter sind literarische Klassiker wie der Sanguo Yanyi (Roman der Drei Reiche) und moderne Werke, etwa die Schriften Mao Zedongs, der die Sechsunddreißig Listen im Kampf gegen Chiang Kai-shek und die Japaner meisterhaft einsetzte.

Leser, die bereits andere chinesische Klassiker kennen, werden in den Sechsunddreißig Listen einige vertraute Themen finden. Die Zahl sechsunddreißig selbst kommt zum Beispiel aus der Philosophie von der Einheit der Gegensätze, die das Buch der Wandlungen als die Begriffe Yin und Yang erläutert. Yin und Yang sind zwei komplementäre Kategorien im Universum; alles in der Welt wird dem einen oder dem anderen zugeordnet. Yin ist das weibliche Element; es manifestiert sich in Erde, Wind, Wasser, Sumpf und wird mit Dunkelheit und Eingeschlossenheit assoziiert. Dagegen manifestiert sich das männliche Element Yang in Himmel, Donner, Feuer, Bergen und wird mit Licht und Offenheit assoziiert. Die alten Chinesen ordneten Pläne und Listen, die oft im Geheimen erdacht und durchgeführt werden, dem Prinzip Yin zu. Das Yin wird im Buch der Wandlungen von dem Hexagramm für „Erde" repräsentiert. Dieses Hexagramm besteht aus sechs Linien; jede Linie ist in zwei Segmente unterteilt, so daß zwei Spalten von sechs kurzen Linien entstehen, deren Produkt sechsunddreißig ist.

Die Philosophie von der Einheit der Gegensätze erscheint überall in den Sechsunddreißig Listen. Das Prinzip, daß die Interaktion von Yin und Yang die Entwicklung von Ereignissen bestimmt, wird in der Myriade von Beziehungen sichtbar, die in den Listen ausgelotet werden – zwischen Offensive und

Defensive, Stärke und Nachgiebigkeit, Regelmäßigkeit und Überraschung, Leere und Festigkeit, dem Feind und dem Selbst, Gast und Gastgeber, Arbeit und Muße und vielen anderen.

Ein anderes wichtiges Prinzip der Einheit der Gegensätze lautet, daß eine Eigenschaft oder Substanz sich in ihr Gegenteil verwandeln kann. Unter geeigneten Umständen kann das Schwache das Starke besiegen, das Kleine das Große übertreffen und ein Feind zu einem Freund werden. Die Wandlung kann ungeplant oder unvermeidlich sein: Hippies werden zu Yuppies; die sexuelle Revolution wird von der AIDS-Epoche abgelöst, und das nukleare Wettrüsten führt zu Verhandlungen, deren Ziel letztlich die Abschaffung von Kernwaffen ist. Oder die Wandlung kann das Resultat einer Strategie auf einer oder mehreren Seiten sein.

Militärgeschichte, Politik und Wirtschaft liefern reichlich Beispiele für geplante Wandlungen:

● Ein Beispiel ist Mao Zedongs Vertreibung Chiang Kai-Sheks nach dem Zweiten Weltkrieg. Als die entscheidende Kraftprobe begann, hatte Chiang acht Millionen Mann und amerikanische Militärausrüstung im Wert von etlichen Milliarden Dollar; Mao hingegen hatte weniger als eine Million Mann mit alten japanischen Gewehren. Innerhalb von drei Jahren brachte Mao drei große Feldzüge gegen Chiang zustande, deren größter mehr als eine halbe Million Männer von Chiangs besten Truppen auslöschte. Das Ergebnis ist wohlbekannt: Mao gründete 1949 die Volksrepublik China, und Chiang floh nach Taiwan.

● Maos und Richard Nixons gemeinsames Interesse, eine Gegenmacht gegen die Sowjetunion aufzubauen, führte alte Feinde zusammen. Mao, der jahrzehntelang gegen den „US-Imperialismus" gewettert hatte, lud 1972 Nixon nach China ein, der seine politische Karriere auf dem Antikommunismus aufgebaut hatte. So begann der Normalisierungsprozeß der Beziehungen zwischen China und den USA.

- Durch staatsmännisches Können und seine Persönlichkeit änderte Michail Gorbatschow Amerikas Bild von der Sowjetunion. Ronald Reagan, der die Sowjetunion am Anfang seiner Präsidentschaft 1981 als das „Reich des Bösen" bezeichnete, empfing Gorbatschow 1988 herzlich in New York, und die New Yorker standen an den Straßen, durch die Gorbatschows Wagen kam, um ihm zuzujubeln. Meinungsumfragen zeigten, daß er beliebter war als der designierte Präsident George Bush.

- Charles Wang, der eine obskure Tochter einer Schweizer Elektronikfirma leitete, wurde 1983 ausgelacht, als er davon sprach, der weltgrößte unabhängige Software-Hersteller zu werden. Die Firma schluckte sodann ihre Muttergesellschaft sowie an die zwanzig Konkurrenten und schließlich ihren wichtigsten Rivalen. Heute sind selbst Software-Riesen mit so bekannten Namen wie Microsoft Corporation und Lotus Development Corporation Zwerge neben Computer Associates International.

- Die Erkenntnis, daß zwei Drittel der in den USA getrunkenen Brausegetränke Colagetränke sind, brachte Seven-Up auf die Erfolgsformel „un-Cola".

Strategie wurde lange mit dem Schlachtfeld assoziiert, aber der Gipfel strategischer Leistung ist der Sieg ohne Waffengewalt. Wie Sun Zi es ausdrückt: „Den Feind ohne Kampf zu unterwerfen ist das Höchste der Geschicklichkeit."
Tatsächlich kann Strategie allein zum Ziel führen, wo Waffen allein nichts ausrichten würden. Ein alter Hofbeamter namens Yan Ying wußte dies sehr genau. Yan Ying arbeitete in der Frühling-und-Herbst-Periode (722–481 v. Chr.) für den Staat Qi, als China in mehrere Königreiche unterteilt war, die jeweils die anderen zu schlucken trachteten. Die folgende Geschichte zeigt, wie Yan Ying die Finessen der Diplomatie einsetzte, um den größeren, stärkeren Staat Jin abzuwehren:
Der König von Jin hatte einen Botschafter namens Fan Zhao nach Qi entsandt, um zu sehen, ob Qi angreifbar wäre. Der

König von Qi wollte den mächtigeren Staat nicht zum Zorn
reizen und gab ein Bankett für Fan Zhao. Beim Bankett bat
dieser darum, aus dem Weinkelch des Königs trinken zu dür-
fen, und der König erlaubte es. Doch Yan Ying nahm den königlichen Kelch von Fan Zhaos Lippen und ersetzte ihn durch
einen anderen. Dann tat Fan Zhao, als wäre er betrunken, und
bat das königliche Orchester um königliche Musik, um ihn
beim Tanzen zu begleiten. Wieder griff Yan Ying ein. Erzürnt
verließ Fan Zhao das Bankett. Der König von Qi machte sich
Sorgen und schalt Yan Ying, weil er den Botschafter beleidigt
hatte; er erwartete eine Invasion als Antwort. Unterdessen
kehrte Fan Zhao nach Jin zurück und berichtete, daß Yan
Ying ihn sofort durchschaut hatte, als er versucht hatte, gegen
die höfische Etikette zu verstoßen. Der König von Jin stimmte
zu, daß eine Invasion nicht ratsam sei, wenn Qi in so guter
Ordnung sei.

Der weise Konfuzius, der vier Jahre alt gewesen war, als sich
dies zutrug, kommentierte als Erwachsener bewundernd, daß
Yan Ying einen Invasionsplan aus tausend Meilen Entfernung
vereitelt hatte, ,,ohne vom Tisch des Banketts fortzugehen''.
Strategie kann in einer benachteiligten Situation wie der des
Staates Qi ausschlaggebend sein. Doch selbst wen man der
Überlegene ist, ist sie entscheidend. Die Sechsunddreißig Listen sind in sechs Gruppen aufgeteilt. Die ersten drei sind für
starke Ausgangspositionen ausgelegt, die letzten drei für
schwache. Im einzelnen sind die sechs Kategorien:

I. Listen für den Überlegenen,
II. Listen für die Konfrontation,
III. Listen für den Angriff,
IV. Listen für wirre Situationen,
V. Listen, um Boden zu gewinnen, und
VI. Listen für Zwangslagen.

Diese Klassifikation war aber nie als etwas Starres gedacht;
vielmehr lernten die chinesischen Militärstrategen in mehreren
Jahrtausenden der Anwendung und Verfeinerung dieser Tech-

niken, daß das höchste aller Prinzipien die Flexibilität ist. Sun Zi erkannte den Wert der Flexibilität, als er Anpassungsfähigkeit bei der Kriegsführung mit dem Verhalten des Wassers verglich, das seinen Fluß je nach dem Untergrund verändert. Der taoistische Philosoph Lao Zi erkannte die Macht der Flexibilität, als er bemerkte, daß Wasser zugleich das nachgiebigste Element und die mächtigste Erosionskraft ist. Gute Strategen passen sich dem Terrain an wie Wasser dem Felsen, um selbst das unnachgiebigste Hindernis abzutragen. Sie beschränken sich nicht einfach auf Listen, die offensichtlich zu ihrer Lage passen, sondern sie mischen und kombinieren sie je nach den aktuellen Bedingungen. Man kann mehrere Strategien aus der gleichen Gruppe kombinieren oder eine Mischung von Listen aus verschiedenen Gruppen anwenden, wenn es nötig ist. Kurz, die letztgültige Anwendungsregel für diese Listen ist, keine Regel zu befolgen.

Dieses Buch widmet jeder der Sechsunddreißig Listen ein Kapitel. In der chinesischen Sprache läßt sich jede List in einem knappen Satz aus drei oder vier Schriftzeichen zusammenfassen. Wir geben für jede die chinesischen Schriftzeichen sowie die Aussprache nach der Pinyin-Umschrift an, um einen Eindruck von der ideographischen Darstellung sowie von der Singsang-Intonation zu vermitteln, die in der Übersetzung verlorengehen. Die historisch-legendären Ursprünge der Listen werden durch alte Erzählungen und Anekdoten aufgezeigt, die ihre Verwendung illustrieren. Anhand von Beispielen aus der Gegenwart und Leitlinien für ihren Einsatz zur Gestaltung von Karrieren, persönlichen Beziehungen und anderen Alltagsanliegen wird ihr beständiger Wert als analytische Hilfsmittel und Führer zum Handeln veranschaulicht.

# Teil I
# Listen für den Überlegenen

*Diese Listen sind die direktesten und daher am leichtesten zu durchschauen. Um mit ihnen Erfolg zu haben, muß man oft in einer stärkeren Ausgangsposition sein, und selbst dann können sie „nach hinten losgehen". Generell beruhen sie auf der Annahme, daß man die größeren Kräfte hat – die Ressourcen, um andere zu belagern, die Zeit und die Versorgung, um entspannt abzuwarten, daß der Feind ermüdet, genug Leute, um einen Scheinangriff in eine Richtung zu führen und wirklich in der anderen loszuschlagen.*

*Ein vertrautes Gesicht provoziert*
*keinen Angriff.*
    *(Chinesisches Sprichwort)*

**LIST**

# 1

*Man tian guo hai*

**Überquere das Meer, indem du**
**den Himmel täuschst**

Geheimnisse verbergen sich oft in aller Öffentlichkeit. Je offensichtlicher eine Situation scheint, um so tiefere Geheimnisse kann sie tatsächlich verbergen.
Das Vertraute ignoriert man. Dies ist das Prinzip hinter der List, das Meer zu überqueren, indem man den Himmel täuscht.

Chen Shubao, der letzte König der kurzlebigen Chen-Dynastie, die vor rund vierzehnhundert Jahren herrschte, wurde ein Opfer dieser List. Chen Shubao war ein vollendeter Dichter, ein Kenner von Weinen, Frauen und Musik; seinen Hof führte er in eklatant zügelloser und ausschweifender Weise. Selbst wenn er Berichte über Staatsangelegenheiten von Hofbeamten und Generälen anhörte, behielt er seine Lieblingskonkubine auf dem Schoß.

Die spätere Sui-Dynastie hatte ihre Macht in Nordchina konsolidiert, und als ihr Gründer Yang Jian von Chen Shubaos Zügellosigkeit hörte, fand er die Zeit reif, über den Fluß Yangtze zu setzen und den Süden zu erobern. Die Führung übertrug er General He Nuobi.

Das Südufer des Yangtze war schwer befestigt, und He Nuobi schloß eine direkte Auseinandersetzung oder einen Überraschungsangriff aus. Dennoch zog er Kräfte am Nordufer zusammen, stellte farbenfrohe Zelte und Flaggen auf und begann, eine Vielzahl von Truppen hin und her zu bewegen.

Chens Feldherr sah all diese Geschäftigkeit und nahm an, eine Invasion stehe direkt bevor. Er versetzte die ganze Verteidigungstruppe in Alarmbereitschaft.

Aber die Sui-Truppen griffen nicht an, und nach einer Weile kam Chens Feldherr zu dem Schluß, sie führten nur routinemäßige Manöver durch. Chens Truppen bekamen es allmählich satt, auf einen Feind zu warten, der nicht kam, und ließen in ihrer Wachsamkeit nach.

Am ersten Tag des neuen Mondjahres 589, als Chen Shubao nach einer Nacht des Trinkens, Poussierens und Gedichte-Rezitierens noch schlief, überquerte He Nuobi überraschend den Yangtze und überfiel Chens Hauptstadt, das heutige Nanjing. Als die Sui-Truppen Chens Palast stürmten, nahm Chen Shubao seine Lieblingskonkubine und eine andere junge Gespielin und sprang mit ihnen in einen Brunnen. Das Wasser darin war so flach, daß niemand von ihnen ertrank; sie wurden aber entdeckt und herausgezogen. Die Konkubinen wurden hingerichtet und Chen Shubao gefangengenommen. Ihr

Versteck ging als „Brunnen der Demütigung" in die Geschichte ein und wurde in der Dichtung späterer Dynastien eine beliebte Anspielung.

Die List, das Meer zu überqueren, indem man den Himmel täuscht, nutzt die Yin-Yang-Beziehung zwischen Offenheit und Heimlichkeit, Regelmäßigkeit und Unregelmäßigkeit, Vertrautheit und Überraschung. Innerhalb dieser Paare kann jedes Element das andere verbergen, und jedes kann sich in das andere verwandeln.

Die List funktioniert, weil die Menschen erwarten, daß Geheimnisse verborgen werden. Es ist logisch, zu denken, daß derartige Pläne im Geheimen erdacht und ausgeführt werden. So neigen die Menschen dazu, offene Aktivitäten zu übersehen, hinter denen Listen versteckt werden.

Je gewöhnlicher eine Aktivität ist, desto weniger Aufmerksamkeit erregt sie. Man gewöhnt sich an die Binsenweisheit: Wenn man eine vertraute Straße entlangfährt, kann die Aufmerksamkeit nachlassen; so geschehen die meisten Verkehrsunfälle nicht weit von zu Hause. Wenn ein Liebhaber jeden Tag rote Rosen schickt, wird die Geste bedeutungslos. Wer zuviel scharfen Pfeffer ißt, macht seine Geschmacksknospen unempfindlich.

In der Geschichte „Der Junge, der ‚Wolf' schrie" war der Wolf Hauptnutznießer dieses Prinzips. Nachdem die Leute im Dorf sich einmal an die Fehlalarme des Jungen gewöhnt hatten, ignorierten sie ihn, als der Wolf tatsächlich kam, um die Schafe zu verschlingen.

Hitler wendete diese List an, als er im Zweiten Weltkrieg in Frankreich einfiel. Neunundzwanzigmal ließ er absichtlich durchsickern, eine Invasion stehe unmittelbar bevor, bis die Spionage der Engländer und Franzosen die Informationen nicht mehr ernst nahm und Frankreich unvorbereitet für den tatsächlichen Blitzkrieg ließ.

Andererseits setzten die Alliierten die gleiche List gegen Hitler ein. Vor der Landung in der Normandie 1944 wurden mehrmals Puppen an Fallschirmen herabgelassen. Als die echten

Fallschirmjäger kamen, hatten die Deutschen das Spiel satt und waren nicht auf dem Posten.

In den frühen Tagen des Koreakrieges brachte General Douglas MacArthur die Nordkoreaner dadurch aus dem Konzept, daß er erklärte, er werde in Incon landen – und das dann auch wirklich tat.

Diese List kommt in der Wirtschaft vor, wenn Firmen oder Manager etwas erreichen, indem sie die Erwartung wecken, sie würden berechenbar handeln, und dann etwas Untypisches tun. Ende der 1970er Jahre begannen die Belzberg-Brüder aus Kanada, die von ihrem Vater die Leitung der First City Financial Corporation geerbt hatten, in großen amerikanischen Unternehmen aufzutauchen, mit Minderheitsbeteiligungen zu fuchteln und mit Übernahme zu drohen. Rasch schufen sie sich einen Ruf als Räuber, die mit Geld loszuwerden waren, und eine Firma nach der anderen zahlte die Belzbergs aus – mit saftigen Prämien zusätzlich zum Marktpreis der Anteile. Deshalb war Wall Street nicht auf ihren Überraschungsangriff auf die Scovill Inc. vorbereitet, die sie 1985 ohne nennenswerten Widerstand übernahmen.

Die List, das Meer zu überqueren, indem man den Himmel täuscht, ist auch in Produktveränderungen zu erkennen, die treue Konsumenten nie vermuten würden. Als japanisches Monosodium-Glutamat sich nicht gut verkaufte, vergrößerten die Hersteller das kleine Loch in der Flasche von 1 Millimeter auf 1,5 Millimeter Durchmesser. Welcher Mensch, der die Flasche jeden Tag benutzte, käme auf die Idee, daß das kleine Loch heimlich vergrößert worden war? Die Verbraucher taten, ohne es zu merken, mehr Glutamat an ihr Essen, so daß der Verkauf um 50% zunahm.

Für diejenigen, die es in Wirtschaft oder Politik weit bringen wollen, bedeutet diese List, daß der Versuch, andere mit einem endlosen Strom neuer Ideen, Vorschläge und Projekte zu beeindrucken, wenig einbringt; sorgsam gewählte Schritte zur richtigen Zeit haben mehr dramatische Wirkung und größere Erfolgschancen. Sind Sie aber in einer Situation, wo Sie nicht auffallen möchten, dann tun Sie nichts Extremes oder Untypisches.

Für Manager bedeutet das Meer überqueren und den Himmel täuschen, daß der nimmermüde Antreiber bei der Führung von Mitarbeitern weniger effektiv sein kann als der Aufseher, der den Druck selektiv ausübt. Ähnlich erreichen Eltern, die ständig wegen Pflichten, Hausaufgaben und Benehmen an ihren Kindern herumnörgeln, nur Gleichgültigkeit, während diejenigen, die selektive Forderungen an ihre Sprößlinge stellen, vielleicht tatsächlich etwas bewirken.

Im Alltagsleben dient diese List als Erinnerung daran, daß die Einhaltung berechenbarer Muster, mit denen sowohl Sie selbst als auch Ihre Umgebung sich wohlfühlen, eine gute Methode ist, um in persönlichen Beziehungen Ruhe zu bewahren – und daß eine unerwartete Handlung eine gute Methode ist, um einer Beziehung, die fad zu werden scheint, einen Schuß Aufregung zu geben.

## LIST
# 2

*Wei wei jiu zhao*

**Belagere das Reich Wei, um das
Reich Zhao zu retten**

Einen starken, geeinten Feind frontal angreifen heißt in sein
Unglück rennen. Die List, das Reich Wei zu belagern, um das
Reich Zhao zu retten, rät zu indirekter Konfrontation.

Sun Bin, ein Nachkomme des großen Militärstrategen Sun Zi,
dem das Verdienst zukommt, Sun Zis Die Kunst des Krieges
für die Nachwelt erhalten zu haben, setzte diese Strategie ein,
um einen Verbündeten vor einer Invasion zu bewahren und eine alte Rechnung zu begleichen.

Das Original von Sun Zis Meisterwerk war mit dem Pinsel auf
Bambusstreifen geschrieben; es soll vernichtet worden sein, als

Eindringlinge einen Turm niederbrannten, wo es in einem hohlen Pfosten versteckt war. Das Wissen, das in dieser Schrift enthalten war, wurde jedoch an Sun Bin weitergereicht. Sun Bin wurde Militärberater des Königs von Wei. In der Periode der Kriegführenden Staaten (403–221 v. Chr.) war Wei das stärkste von sieben zerstrittenen Königreichen. Pang Juan, der Oberste Befehlshaber der Truppen von Wei, war äußerst eifersüchtig auf den genialen Sun Bin, und sein Neid ließ ihn bald Mordpläne schmieden. Pang Juan fing einen Brief von Sun Bin an seinen Heimatstaat Qi ab, fälschte ihn und überzeugte den König von Wei, daß Sun Bin desertieren wolle. Der König befahl, Sun Bin zur Bestrafung an Pang Juan auszuliefern. Pang Juan heuchelte Überraschung, als er Sun Bin in Fesseln sah, und versprach, sich beim König für ihn zu verwenden. Er riet dem König, Sun Bin nicht hinzurichten, sondern ihn nur zum Krüppel zu machen und seine Dienste weiter zu nutzen. Dann ließ er sich zugute halten, daß er Sun Bin das Leben gerettet hatte. Er tat sogar, als weinte er, während dem Gefangenen die Kniescheiben herausgeschnitten und das Gesicht mit den Worten tätowiert wurde: „Wegen Unterhaltung unerlaubter Beziehungen zu einem fremden Staat". (Das Herausschneiden der Kniescheiben war eine der fünf Hauptstrafen im alten China – die anderen vier waren das Abschneiden der Nase, Kastration, Enthauptung und Zerreißen durch Anbinden an fünf Ochsenkarren.)
Dann bat Pang Juan Sun Bin, Die Kunst des Krieges mit Kommentaren niederzuschreiben. Sun Bin war sofort bereit, denn er glaubte noch immer, er verdanke Pang Juan sein Leben. Aber ein Diener, der ihm wohlgesonnen war, sagte ihm, daß Pang Juan ihn verhungern lassen wollte, sobald er mit dem Schreiben fertig war. Sun Bin täuschte Wahnsinn vor, und Pang Juan sperrte ihn in einen Schweinestall. Dort schmachtete er, bis eine Delegation aus Qi, die offiziell einen Tribut in Tee ablieferte, ihn in einem Karren herausschmuggelte. Ein anderer Mann blieb mit Schmutz bedeckt in dem Schweinestall, bis Sun Bin daheim in Sicherheit war.

Sun Bin lehnte eine hohe Stellung am Hof von Qi ab, sagte jedoch, wenn er gebraucht werde, würde er zur Verfügung stehen. Die Gelegenheit ergab sich einige Jahre später, als der König von Wei Pang Juan befahl, die Hauptstadt des Königreichs Zhao zu belagern, und Zhao Qi um Hilfe bat. Statt Pang Juans Truppen direkt anzugreifen, arrangierte Sun Bin einen Ablenkungsangriff auf die Hauptstadt von Wei, gepaart mit einem Hinterhalt an Pang Juans Heimweg. Der König sandte eine Alarmbotschaft an Pang Juan und rief ihn zurück, um Wei zu verteidigen. 20000 Soldaten von Wei gingen in die Falle, und Pang Juan kam mit knapper Not davon. In der Menge sah er Sun Bin in einem Rollstuhl sitzen und begriff, daß sein Rivale ihn besiegt hatte.

Die List, Wei zu belagern, um Zhao zu retten, beruht auf der Yin-Yang-Beziehung zwischen Direktheit und Indirektheit, Konzentration und Zerstreuung, Festigkeit und Leere. Sie kann bedeuten, daß man seine Kräfte konzentriert, um den Feind an seiner Schwachstelle zu treffen, daß man sich die Mängel eines Gegners zunutze macht, ein Problem löst, indem man sich auf einen Aspekt konzentriert, der nebensächlich erscheint, aber tatsächlich der Schlüssel ist, oder daß man ein Problem auf etwas anderes oder jemand anderen umlenkt.

Mao Zedong praktizierte diese Strategie oft im chinesischen Bürgerkrieg. Als Chiang Kai-sheks Armee auf das Gebiet der Kommunisten zukam, schickte Mao Truppen dorthin, wo sie am wenigsten erwartet wurden – tief in das von der Kuomintang kontrollierte Territorium hinein.

Ereignisse in den amerikanischen Präsidenschafts-Vorwahlen illustrieren die Macht solcher Ablenkungsschläge. Gary Harts und Joseph Bidens Kandidaturen für die demokratische Nominierung 1988 fielen nicht den Frontalangriffen gegen ihre Politik oder ihre Fähigkeiten zum Opfer, sondern Enthüllungen über eine außereheliche Affäre und übertriebener Wertschätzung für schulische Leistungen.

Dann, in der Endphase des Präsidentschaftswahlkampfes, versetzte der Republikaner George Bush dem Demokraten Michael Dukakis durch geschicktes, selektives Manipulieren von Assoziationen den Todesstoß. Symbol des Wahlkampfes wurde der Sträfling Willie Horton, der während eines Hafturlaubs Vergewaltigung und Mord begangen hatte – obwohl das Programm des Hafturlaubs nicht von Dukakis, sondern von seinem republikanischen Vorgänger eingerichtet worden war. Bei der Anhörung zur Iran-Contra-Affäre vor dem Kongreß wehrte Oliver North 1987 Angriffe dadurch ab, daß er immer wieder das Thema der „kommunistischen Bedrohung" in Mittelamerika ansprach. Seine Geschicklichkeit bei der Umlenkung der Aufmerksamkeit von der Legalität zur Ideologie schlug sich in seiner Beliebtheit nieder; bei einer Umfrage sagten 56% der Befragten, wenn sie eine Firma leiteten, würden sie ihn gern einstellen.

Für ein Unternehmen, das in eine von Riesen beherrschte Branche einsteigen will, kann es besser sein, Wei zu belagern, um Zhao zu retten, als direkt anzugreifen. Es ist Selbstmord, auf dem PC-Markt mit IBM konkurrieren zu wollen; aber man kann die direkte Konfrontation meiden und sich eine spezialisierte Nische herausschneiden. Das tat Sun Microsystems im Bereich der Workstations; es wurde der führende Hersteller für vernetzte, um einen leistungsstarken Minicomputer herumgebaute Bürogeräte. Andere Firmen in Silicon Valley, namentlich Netframe Systems, konzentrieren sich auf spezialisierte „Server"-Computer, die die Aktivität zwischen vernetzten PCs oder Workstations koordinieren – eine Funktion, für die man zuvor allgemeiner ausgelegte Rechner anpassen mußte. Und Apple Computer setzte seinen Brückenkopf in dem relativ vernachlässigten Bereich des Bildungswesens, bevor es sich auf die Anwendung in der Wirtschaft ausbreitete, wo es mit IBM konkurriert.

Ähnlich nützlich ist die indirekte Strategie für ein etabliertes Unternehmen, das eine Herausforderung abwehren will. Als der französische Reifenhersteller Michelin Anfang der 1970er Jahre mit seiner neuen Radialreifentechnologie in den US-Markt vorstieß, reagierte der amerikanische Hersteller Good-

year sowohl mit technologischen Verbesserungen als auch mit
einem Gegenangriff auf dem europäischen Markt. Als Miche-
lin die Preise in Europa um 5 %0 senkte, senkte Goodyear seine
Preise um 15 %0. Der Angriff auf Michelins traditionelles Terri-
torium half Goodyear, zu Hause die Oberhand zu behalten.
Firmenjuristen wissen genau, daß die beste Antwort auf eine
Klage eines Konkurrenten eine Gegenklage sein kann. Als
Atari Games die Firma Nintendo wegen Verstoßes gegen das
Kartellgesetz verklagte und diese beschuldigte, das Angebot in
Spielkassetten rechtswidrig zu kontrollieren, reichte Nintendo
Gegenklage ein und warf Atari Vertragsbruch, Verstoß gegen
den Markenschutz und unlauteren Wettbewerb vor. So zwang
Nintendo den Rivalen, seine Kräfte zwischen Angriff und Ver-
teidigung aufzuteilen.

An Kinder gerichtete Fernsehwerbung baut seit langem auf
der List auf, Wei zu belagern, um Zhao zu retten. Kinder werden mit Frühstücksflocken, Spielzeug und anderen Produkten
verzaubert, in der Erwartung, daß das Kind den Weg zum el-
terlichen Portemonnaie findet. McDonald's und andere Im-
bißketten kommen ebenfalls über die Kinder an die Eltern her-
an, indem sie Kinderteller zusammen mit Kinderspielzeug anbieten. Das Kind ist der Schwachpunkt der Verteidigung; es
läßt sich von der neuesten Disney-Figur, Muppet-Puppe oder
dem ,,McNugget buddy'' leicht in Versuchung führen. Dann
bearbeitet es die Eltern, angeblich den stärksten Punkt der
Verteidigung. Mama und Papa mögen glauben, sie hätten eine
Geheimwaffe entdeckt – das Versprechen, das neueste Angebot im Schnellrestaurant auszuprobieren, wenn das Kind sich
ordentlich benimmt, oder die Drohung, zu Hause zu bleiben,
wenn das Kind sich danebenbenimmt – aber in Wirklichkeit
ist die Waffe in der Hand der Imbißkette.

Recherchierende Journalisten, Detektive und Anwälte setzen
oft indirekte Techniken ein, um Informationen zu erhalten,
denn sie wissen, daß schwierige oder heikle Fragen vielleicht
nicht beantwortet werden, wenn man sie direkt stellt. Doch
selbst wenn Sie keinen dieser Berufe ausüben, können Sie in

Situationen kommen, wo die Belagerung des Reiches Wei, um
das Reich Zhao zu retten, der einzige Weg ist, um etwas herauszufinden, was Sie wissen müssen.
Auch in persönlichen Beziehungen kann man um der Freund-
lichkeit willen indirekt sein. Amerikaner neigen zur Direktheit, sogar zur Grobheit in ihrem Umgang mit anderen – im
Gegensatz zu Menschen aus asiatischen Kulturen, wo Indirektheit gängige Praxis ist. Wenn man aber etwas Heikles oder
Unangenehmes vermitteln muß, kann ein Umweg den Schlag
mildern.

*Wenn du etwas tun willst,*
*laß es deinen Gegner für dich tun.*
*(Chinesisches Militärprinzip)*

## LIST
# 3

*Jie dao sha ren*

**Töte mit einem geborgten Messer**

Wenn Sie jemand anderen dazu bringen können, eine schwierige Aufgabe zu erledigen, können Sie sich eine Menge Probleme ersparen. Sich ein Messer zum Töten borgen heißt die Ressourcen anderer für den eigenen Vorteil nutzen.

Diese Strategie findet Ausdruck im Buch der Wandlungen, Hexagramm 41, das einen Rückgang oder Verlust darstellt. Kehrt man die obere und die untere Hälfte des Hexagramms um, so bedeutet es Zuwachs oder Gewinn. Verlust und Gewinn ergänzen einander und können sich ineinander verwandeln. Während der Frühling-und-Herbst-Periode (722–481 v. Chr.) verwendete der König des Staates Zheng die Strategie des Borgens, um eine Invasion im Staat Kuai vorzubereiten. Er stellte einen Opferaltar auf, unter dem er eine Liste mit den Namen aller weisen Beamten und tapferen Generäle von Kuai vergrub, dazu Beschreibungen der Belohnungen, die sie erhalten würde, falls Kuai fallen sollte. Der König von Zheng hielt dann eine großartige Zeremonie ab, opferte Tiere am Altar und sorgte dafür, daß der König von Kuai davon hörte. Der König von Kuai bekam die Liste in die Hände, verdächtigte die dort Aufgeführten der Verschwörung gegen ihn und ließ sie alle hinrichten. Kurz darauf eroberte Zheng Kuai.

In der ganzen chinesischen Geschichte haben Militärstrategen die List des Borgens angewandt. Zwei berühmte Gegner aus der Periode der Drei Reiche (220–265 n. Chr.) waren Meister darin: Zhuge Liang, der weise und treue Berater des aufrechten Gründers des Reiches Shu, Liu Bei, und Cao Cao, der gerissene und gnadenlose Herrscher des Reiches Wei.

Zhuge Liang borgte sich die Kraft eines anderen, um in zwei wichtigen Städten an der Grenze der drei Reiche Shu, Wei und Wu eine entscheidende Basis zu bekommen. Der Gründer von Wu war Sun Quan. Da Zhuge Liang wußte, daß Shus Kräfte allein weder Wei noch Wu besiegen konnten, riet er Liu Bei, sich mit Sun Quan zu verbünden. Liu Bei spielte mit und besiegelte das Bündnis durch die Heirat mit Suns Schwester! Dann besiegten Zhuge Liang und Sun Quan Cao Cao gemeinsam in der Entscheidungsschlacht am Roten Kliff.

Dies war freilich durchaus nicht das Ende des Duells zwischen Zhuge Liang und Cao Cao; ihre persönliche Rivalität zog sich über viele Jahre hin, und der Machtkampf der Drei Reiche spaltete China fast ein halbes Jahrhundert lang.

Später versuchte Cao Cao ebenfalls, sich Sun Quan zu borgen; er versprach ihm, wenn er Shu eine der wichtigen Städte wieder abnehmen könne, dürfe er sie behalten. Schließlich stimmte Sun Quan zu. Er mußte Liu Beis bisher unbesiegten General

Guan Yu schlagen, und das erreichte er, indem er einen unbekannten Feldherrn gegen Guan Yu schickte, während ein anderer Feldherr die Stadt überrumpelte. Diese Ereignisse zwangen
Guan Yu zum ungeordneten Rückzug; er tappte in eine Falle
und wurde danach enthauptet. Später machte das chinesische
Volk aus Guan Yu den halb mythologischen Kriegsgott, der
auch Guan Di genannt wird.

Cao Cao setzte die List des Borgens auch für weniger wichtige
Zwecke ein. Einmal engagierte er einen talentierten, aber arro-
ganten jungen Mann als Trommler für ein Bankett. Als er den
jungen Mann bat, seine schäbigen Kleider abzulegen und ein
Bühnengewand anzuziehen, zog sich dieser vor den Gästen
nackt aus. Cao Cao verzichtete darauf, den Tod des Musikan-
ten anzuordnen; statt dessen schickte er ihn zu einem Edel-
mann, dessen Einstellung ein solches Verhalten nicht duldete.
Natürlich hatte der Musikant nicht mehr lange zu leben.

Eine alte militärische Schrift riet Strategen, alles und jedes
vom Gegner zu nehmen – von Offizieren und Truppen über
Geld und Material bis zur Weisheit. Die höchste Kunst des
Borgens ist, den Gegner borgen zu lassen, was man für sich
selbst braucht, oder, noch besser, sich vom Gegner zu borgen,
was dieser selbst von anderen geborgt hat – ohne daß er auch
nur merkt, was man tut!

Der Autor des Romans Jing Ping Mei (Der goldene Lotus) aus
der Ming-Dynastie, Chinas bekanntestem erotischem Werk,
brachte einen Feind mit einer solchen boshaften Kunstfertig-
keit ins Grab. Wie man erzählt, tränkte der Schriftsteller sein
fertiges Manuskript in tödlichem Gift und schickte es seinem
Feind, einem Beamten, der ein gieriger Leser von Pornogra-
phie war. Durch das Fingerlecken beim Umblättern der Seiten
nahm der Beamte das Gift auf.

Es gibt zahllose moderne Beispiele für das Töten mit einem
geborgtem Messer. Hitler wandte die Methode kurz vor Ausbruch des Zweiten Weltkrieges an, als er und sein Geheimdienst den Sowjets gefälschte Beweise zuspielten, daß der sowjetische Marschall Michail Tuchatschewskij den Sturz Sta-

lins plane. Daraufhin richteten die Sowjets selbst Tuchatschewskij und sieben andere Generäle hin, die die Nazis als besonders hinderlich bei der Eroberung Europas sahen.
Die Praxis des organisierten Verbrechens, Killer einzusetzen,
ist ein deutliches Beispiel dafür, seine Schmutzarbeit von anderen erledigen zu lassen. Das Gleiche gilt für andere Aufgaben, die nicht mörderisch sind, aber trotzdem zwielichtig. Ein
Geschäftsmann antwortete bei einer Umfrage, ob er Oliver
North einstellen würde: ,,Ja, wenn ich eine schmutzige Arbeit
zu tun hätte und sie nicht selbst tun wollte. Er versteht es, unangenehme Dinge so zu erledigen, daß sich seine Auftraggeber
die Hände nicht schmutzig machen müssen.''
Im weiteren Sinn bedeutet die List, mit einem geborgten Messer zu töten, zum eigenen Nutzen vollen Gebrauch von den
Ressourcen anderer zu machen. Dadurch muß nicht unbedingt jemand anderer geschädigt werden, doch können viele
Leute getäuscht werden. Während Chinas Kulturrevolution
(1966–76), Mao Zedongs ehrgeizigem, aber letztlich erfolglo-
sem Kampf, einen Geist der permanenten Revolution zu
schaffen, schrieb zum Beispiel ein talentierter junger Dichter
viele Gedichte unter Maos Namen (Mao selbst war ein ausge-
zeichneter Lyriker). Wenige Menschen erinnern sich an den
Namen des jungen Dichters, aber viele ehemalige Rote Garden
können noch einige seiner Gedichte aufsagen.
Die Übernahme verschuldeter Unternehmen, die seit den 80er
Jahren das Feld der Firmenakquisitionen beherrscht, geht
nach dieser Strategie vor; es werden im wörtlichen Sinn ge-
borgte Mittel eingesetzt, um eine Firma zu übernehmen. Eine
Variation davon ist die Junk Bond-Finanzierung, die auf un-
gesicherten Wertpapieren mit hohen Zinsen beruht.
In der Werbung ist das Borgen gang und gäbe. Jede Berühmt-
heit, die für ein Produkt, Unternehmen oder Anliegen spricht
oder auftritt, ist ein geborgtes Messer. So leihen Michael Jackson und Madonna Pepsi ihre Anziehungskraft, ein endloser
Strom von großen Namen wirbt für die Vorzüge der American
Express-Karte, Präsident Bush macht unbezahlte Reklame für

den United Way, und sein Vorgänger Ronald Reagan bat 1989 für das Rote Kreuz um Hilfe für die Opfer des Erdbebens in San Francisco. Nicht nur das Ausleihen von VIPs lohnt sich: Wohltätigkeitsorganisationen und andere ehrenwerte Unternehmungen können auch Bilder der Armen und Entrechteten benutzen, um Mitgefühl bei potentiellen Spendern zu erwecken. Man kann auch Ideologien borgen, wie in der Apple Anzeige, die den Mackintosh-Computer neben Bänden von Marx, Engels, Lenin und Mao zeigte. ,,It was about time a capitalist started a revolution – es wurde langsam Zeit, daß ein Kapitalist eine Revolution anfing'', erklärte die Anzeige. Man kann Anspielungen auf alles borgen – Macht, Reichtum, Glück oder Sex.

In der wirtschaftlichen Praxis können Firmen von sich selbst borgen: Ein neues Produkt unter einem starken existierenden Markennamen bekommt sofortige Anerkennung und eine treue Kundschaft. Deshalb erwägt McDonald's, sein Angebot mit McPizza und McRibs auszuweiten.

Natürlich borgen Firmen oft voneinander. Jedes erfolgreiche neue Produkt findet garantiert Nachahmer. Borgen kann aber auch für beide Seiten von Vorteil sein. Firmen, die Software für IBM-Computer herstellen, profitieren von IBMs Erfolgen, und die große Vielfalt erhältlicher Programme, die auf IBM-Rechner zugeschnitten sind, fördert wiederum Akzeptanz und Verkauf der IBM-Produkte.

Die Erfahrung von Compaq, dessen PCs die von IBM nachahmen und ihnen gleichzeitig Konkurrenz machen, ist ein Lehrbuchbeispiel für anpassungsfähiges Borgen mit Köpfchen. Wie hat Compaq überlebt, obwohl seine Rechner weit teurer sind als vergleichbare Importe und Klone? Ganz einfach – indem es beständig Computer lieferte, die mehr leisten als die von IBM und etwa gleich viel kosten. Die Gründer Rod Canion und seine beiden Partner boten als erste einen Portable an, der ebenso leistungsstark war wie der IBM-Desktop, der sein Vorbild war. Mindestens zweimal war Compaq eher als IBM mit Computern auf dem Markt, die die letzten, größten Chips verwendeten. Compaq baute eine eigene Version eines neuen IBM-Rechners, der im Unterschied zum IBM mit alten Peripheriegeräten arbeitete. Compaq erfand nicht den Computer im Taschenbuchformat, aber es führte ihn als erster mit Festplatte ein.

Oberflächlich betrachtet, kann das Töten mit geborgtem Messer zu sehr als Manipulation erscheinen, um eine positive Rolle in zwischenmenschlichen Beziehungen zu spielen. In Wirklichkeit bietet diese List ein wichtiges und wesentliches Mittel zur Anpassung an neue Bedingungen und zum Umgang mit neuen Menschen. Gewöhnliche Höflichkeit und kulturelles Gespür legen schon nahe, sich den örtlichen Sitten anzupassen – oder, wie die Chinesen sagen: ,,Wohin du auch gehst, du solltest das Lied des Ortes singen.'' Die Aufmachung der Umgebung zu übernehmen, ist einfach eine Art, ein Messer zu borgen.

Die List bietet auch Möglichkeiten, familiäre Beziehungen zu verbessern. Die engsten Freunde können aufgrund von Unterschieden in der Persönlichkeit aufeinanderprallen, was durch gegenseitiges Borgen gemildert werden könnte. Sind Sie eine männliche oder weibliche Schlampe und Ihr Ehepartner zwanghaft ordentlich, so werden Sie sich besser vertragen, wenn Sie sich bemühen, ein wenig von der ,,Macke'' des anderen anzunehmen.

*Das Weibliche überwindet das*
*Männliche durch Stille*
*(Lao Zi, Der Weg der Macht)*

## LIST

# 4

*Yi yi dai lao*

**Entspanne dich, während der
Feind sich erschöpft**

Ausruhen mag zwar den Eindruck von Schwäche oder Laxheit vermitteln, aber tatsächlich ist es eine Möglichkeit, Kräfte zu sammeln. Die List, sich zu entspannen, während der Feind sich erschöpft, beruht auf dem Prinzip, daß das, was weich und biegsam erscheint, auch stark und fest sein kann, während das scheinbar Unbesiegbare schwach sein kann. Dafür gibt es zahllose Beispiele in der Natur. Das biegsame Bambusrohr gibt dem Wind nach und bleibt stehen, während der mächtige Eichenast bricht. Wasser paßt sich jedem Untergrund an, über den es fließt, und doch durchschneidet es den härtesten Felsen. Männer übertreffen Frauen an roher Kraft, aber Frauen haben mehr Durchhaltevermögen und ein längeres Leben. Diese List beruht auf Yin-Yang-Beziehungen wie Festigkeit und Nachgiebigkeit, Tätigkeit und Ruhe, Angriff und Verteidigung. Sie zieht vollen Nutzen aus Zeit, Territorium und Überraschungstaktik. Außerdem ist sie ein psychologisches Manöver, das dem Mut des Feindes die Spitze bricht.

Sun Zi glaubte, daß die Moral eines Feindes am Anfang einer Schlacht am höchsten sei. Wenn die Schlacht sich hinzieht, läßt die Moral nach; schließlich werden die Soldaten mutlos und sehnen sich danach, heimzugehen. Deshalb sollte der Feldherr einen Zusammenstoß mit hochmotivierten, frischen Truppen meiden und statt dessen zuschlagen, wenn ihre Begeisterung und ihr Mut abgenützt sind.

Sun Bin, militärischer Vordenker für das Königreich Qi, wußte auch um den Wert der Erschöpfung des Feindes. Zwölf Jahre, nachdem er das Reich Wei belagert hatte, um das Reich Zhao zu retten (vgl. List 2), belagerte Sun Bin Wei wieder, um einen anderen Nachbarstaat zu retten. Als Weis Feldherr Pang Juan seine Truppen zurückführte, um ihre Heimat zu verteidigen, zog Sun Bin sich zurück und ließ sich viele Tage lang von den Soldaten Weis jagen. Am Ende der Jagd rechnete Sun Bin schließlich mit Pang Juan ab.

Um Pang Juan weiterzulocken, wendete Sun Bin den Trick an, „die Zahl der Feuerstellen zu verringern". Nach dem ersten Tag ließ er im Lager von Qi 100000 Lagerfeuer anzünden, nach dem zweiten nur 50000 und nach dem dritten nur 30000. Pang Juan freute sich diebisch, denn er glaubte, die Soldaten aus Qi desertierten. Im Vertrauen auf einen baldigen Sieg über seinen Erzfeind führte er zwei Kolonnen Reiter an, um im höchsten möglichen Tempo gegen die Armee von Qi vorzupreschen. Diese wich ihm jedoch wieder aus und blieb immer einen halben Tag vor ihm.

Der militärische Vordenker Sun Bin „wartet, während der Feind sich erschöpft"; schließlich stirbt der Verräter Pang Juan angesichts der völligen
Niederlage von eigener Hand.

Als die Reiter von Wei schließlich in einer mondlosen Herbstnacht das enge Tal von Malingdao erreichten, waren sie müde und hungrig. Pang Juan befahl ihnen, weiterzupreschen. In dem Tal kamen sie an einem riesigen Baum vorüber. Pang Juan ging hin, um einen schwach sichtbaren, weißen Fleck am Stamm zu untersuchen. Im Licht der Fackel entzifferte er die Worte: „Unter diesem Baum stirbt Pang Juan auf Befehl von Sun Bin."
Alarmiert befahl Pang Juan den Rückzug. Zu spät. Ein Schauer von Pfeilen kam von beiden Seiten des Tales herunter und fällte Männer und Pferde zu Tausenden. Schwer verwundet tötete sich Pang Juan mit seinem eigenen Schwert.
Diese Geschichte illustriert Sun Zis Bemerkung: „Die Armee, die als erste das Schlachtfeld erreicht und auf den Feind wartet, ist ausgeruht und gewinnt so die Initiative; die Armee hingegen, die später kommt und sich in die Schlacht wirft, ist ermüdet und wird in eine passive Position gezwungen."
Den Feind zu erschöpfen war eine von Mao Zedongs Lieblingsmethoden in seinem Guerillakrieg gegen Chiang Kaishek. Was Mao an Truppenstärke und Waffen fehlte, machte er durch Mobilität, Flexibilität und Schlauheit wett. Seine Truppen lockten die von Chiang immer wieder tief in schwieriges Gelände hinein, bis sie körperlich und geistig ausgelaugt waren, und führten dann den tödlichen Schlag.
Ein moderner Praktiker des Entspannens, während der Feind sich erschöpft, ist der Firmenjäger Sir James Goldsmith. Manager des Papierherstellers Crown Zellerbach, die versuchten, ihre Firma 1985 vor Goldsmiths ungeliebten Angeboten zu retten, erinnern sich an seine hinterhältigen Techniken. „Am Freitag oder kurz vor einem Feiertag kam er mit einem neuen Vorschlag an, mit dem man sich auseinandersetzen mußte", erinnert sich Zellerbachs damaliger Finanzchef George James. „Dann zog er ab auf seine Yacht, und die Firmenleitung mußte eine ganze Woche ohne freien Tag damit ringen – wenn er wiederkam, war er ganz braungebrannt und ausgeruht, und wir waren fix und fertig." Goldsmith hatte letzten Endes Er-

folg; er brachte die Aktienmehrheit von Zellerbach unter seine
Kontrolle und verkaufte dann die größte Abteilung an die James River Corporation in Virginia.

Große Unternehmen, die sich zurücklehnen und spekulative
Innovationen mit unbekanntem Marktpotential kleinen, unternehmerischen Firmen überlassen, wenden ebenfalls die List
an, sich zu entspannen, während der Feind sich erschöpft. In
der Regel fangen kleine Unternehmen einen Großteil des An-
fangsrisikos kommerzieller Innovationen ab. Erst wenn die
Durchführbarkeit eines Projekts gesichert scheint, steigt das
Big Business mit seiner Überlegenheit an Ressourcen, Organisation, Marketingnetzen, Produktionsanlagen und For-
schungsteams ein, indem es die kleinen Unternehmen auf-
kauft oder direkt auf den Markt geht. Dieser Prozeß ist offensichtlich in der Branche der Mikrocomputer, wo viele Innovationen aus kleinen, neugegründeten Firmen kommen, und in
der Biotechnologie, wo sich die großen Pharmakonzerne erst
relativ spät engagierten.

Im wesentlichen rät diese Strategie zu Geduld – sie ist immer
ein gutes Prinzip, das man bei persönlichen Beziehungen bedenken sollte. Die meisten Eltern wissen, daß ein Kind mitten
in einem Tobsuchtsanfall nicht mit Argumenten zu erreichen
ist – tatsächlich wird der Junge oder das Mädchen wahrscheinlich noch wütender, wenn man versucht, mit ihm zu reden. Sobald sich der Staub aber senkt, findet man womöglich
ein geläutertes Kind, das überraschend willig ist, sein Fehlver-
halten zuzugeben. Auch wenn Sie eine Auseinandersetzung
mit Ihrem Chef oder Ihrer Chefin, Ihrem Ehepartner, Freund
oder Ihrer Freundin haben, kann sich die Zeit als der beste
Vermittler erweisen. Und in Liebesdingen können Avancen gegenüber einer Person, die Sie attraktiv finden, sie oder ihn in
die Flucht schlagen, während eine nicht bedrohliche, neutrale
Haltung, sogar ein vages, mysteriöses Desinteresse die Person
verlocken kann, auf Sie zuzukommen.

*Ein Feind mit inneren Problemen*
*ist reif zur Eroberung*
*(Sun Zi, Die Kunst des Krieges)*

**LIST**

5

*Chen huo da jie*

**Plündere ein brennendes Haus**

Diese List beruht auf der Annahme, daß Gegner, die schon bis zum Hals in Schwierigkeiten stecken, leichter zu überwältigen sind als Gegner ohne diese Ablenkungen. Sie rät dazu, sich das Pech des Gegners voll zunutze zu machen und sogar Probleme zu schüren, die ihn schwächen und Ressourcen abziehen, die er sonst gegen Sie richten könnte.

Eine Fehde zwischen Gou Jian, dem König von Yue, und Fu Chai, dem König von Wu, war Anlaß für ein klassisches Beispiel der Plünderung eines brennenden Hauses.

Im Jahr 493 v. Chr. belagerte Fu Chai Yue, um den Tod seines Großvaters zu rächen, der zwei Jahre zuvor nach einem An-

griff auf Yue tödlich verwundet worden war. Gou Jian über-
lebte, weil er den Premierminister von Wu mit acht schönen
Frauen und tausend Unzen Gold bestach. Auf Drängen des
Premierministers ließ Fu Chai Gou Jian am Leben, unter der
Bedingung, daß Yue ihm tributpflichtig wurde und Gou Jian
und seine Frau persönlich am Hof von Wu dienten.
Gou Jian und seine Frau warfen sich pflichtschuldigst vor Fu
Chai auf die Knie; sie brachten 330 Hofdamen und ihren gesamten Schatz als Tribut mit. Sie bekamen Arbeit in den Stäl-
len von Wu. Wenn Fu Chai in seiner Pferdekutsche ausfuhr,
ging Gou Jian vor ihr her und verjagte mit einem Fliegenwedel
aus Pferdehaaren die Fliegen von der Nase des Pferdes. Drei
Jahre vergingen, und Fu Chai ließ Gou Jian und seine Frau
nach Yue heimkehren. Gou Jian schickte Fu Chai jedes Jahr
getreulich den Tribut, schwor aber, sich für seine Demütigung
zu rächen. Als Gefangener in Wu hatte er auf einem Bett aus
Zweigen geschlafen, und nach seiner Heimkehr schlief er weiterhin auf Zweigen, um nicht zu vergessen, was er erlitten hatte.
Als redlicher und engagierter Herrscher wandte Gou Jian große Aufmerksamkeit daran, die Produktion in seinem Staat zu
verbessern. Fu Chai hingegen wurde immer selbstgefälliger
und zügelloser. Er baute Paläste und füllte sie mit Schönheiten
aus allen Ecken seines Reiches. Gou Jian fand für ihn die
schönste von allen, eine Frau namens Xi Shi. Sie wickelte Fu
Chai um den Finger, und er baute ihr einen eigenen Palast und
hielt fast jeden Abend dort Bankette ab. Gou Jian schickte außerdem geschickte Handwerker und feines Holz nach Wu, um
den verschwenderischen Bau nutzloser Gebäude zu fördern.
Zusätzlich borgte er Reis aus Wu und zahlte ihn mit gedämp-
tem Reis zurück, der nicht aufging, als die Bauern von Wu ihn
als Samen verwendeten. Fu Chai wurde immer unbeliebter, als
sich im Land der Hunger breitmachte.
Fu Chais Sohn erkannte, wie gefährlich es war, die Staatsangelegenheiten zu vernachlässigen, und eines Morgens ging der
Prinz zu seinem Vater, um ihn auf indirekte Weise zu warnen.
Der junge Mann hielt eine Schleuder, seine Kleider und Schu-

Gou Jian und seine Frau, die gezwungen sind, Fu Chai Tribut zu bringen, rächen sich später für ihre Demütigung; nachdem Fu Chai völlig korrupt geworden ist und seine ganze Zeit in Frivolitäten mit seiner Gespielin Xi Shi verbringt, nutzen sie seine Uneinsichtigkeit und „plündern ein brennendes Haus".

he waren naß. Er sagte, er sei im Garten gewesen und habe eine Zikade gesehen, die mit den Flügeln vibrierte und sehr selbstzufrieden aussah. Sie merkte nicht, daß eine Gottesanbeterin sich anschickte, sich auf sie zu stürzen. Die Gottesanbeterin wiederum merkte nicht, daß ein Sperling sie beobachtete. Und der Sperling merkte nicht, daß der Prinz mit seiner Schleuder auf ihn zielte. „Ich dachte nur an den Sperling und bemerkte den Teich unter dem Baum nicht; ich fiel hinein", sagte der Prinz. Einen Augenblick schien es, als sei Fu Chi ein Licht aufgegangen; dann wurde er zornig und tat die Mahnung seines Sohnes ab, ohne weiter nachzudenken.

Das Jahr 47 war in Wu besonders schlimm; die Dürre war so groß, daß nicht nur die Reispflänzchen starben, sondern auch die Krebse, die in den Reisfeldern lebten. Doch statt sich um die Angelegenheiten in seinem Land zu kümmern, führte Fu Chai seine Armee nach Norden, um bei einem Treffen aller Fürsten der Region den Vorsitz zu führen. Da handelte Gou Jian, griff an und nahm die Hauptstadt von Wu ohne Schwierigkeit ein. Als Fu Chai zurückkam und um Gnade bat, lehnte Gou Jian ab; er ließ ihm die Wahl, ob er geköpft werden oder sich selbst töten wollte. Er zog es vor, von eigener Hand zu sterben.

In der gesamten Geschichte haben Staaten versucht, die inneren Schwächen anderer Staaten zu fördern, um im Vorteil zu sein. Etwa ab 1850 versorgte der vom Westen kontrollierte Opiumhandel die Süchtigen in China und schröpfte die Staatskasse. Bei den folgenden Invasionen rangen die westlichen Mächte der Qing-Dynastie leicht Privilegien und Konzessionen ab, bis sie die wichtigsten Häfen kontrollierten und die Briten Hongkong bekamen.

*Der Feldherr, der sich auf das An-*
*greifen versteht, läßt seinen Feind*
*nicht wissen, wo er sich verteidigen*
*soll.*
    *(Sun Zi, Die Kunst des Krieges)*

**LIST**

# 6

惱ℤ迢

*Sheng dong ji xi*

**Greife zum Schein im Osten an
und schlage im Westen zu**

Ablenkungstaktik ist in der Kriegführung gang und gäbe. Ein
Ablenkungsangriff nach Osten, wenn man im Westen zuschlägt, ist sogar eine so offensichtliche Methode, den Feind
zu täuschen, daß sie „nach hinten losgehen" kann, wenn sie
von nicht ganz so Schlauen angewendet wird. Zhou Yafu, ein
Feldherr der Östlichen Han-Dynastie (25–220 n. Chr.), ist berühmt dafür, daß er diese List durchschaute, als er einen Aufstand gegen den Thron niederschlug.
Damals war China in fünfundzwanzig von praktisch unabhängigen Fürsten regierte Lehen und fünfzehn direkt vom Kai-

serhof kontrollierte Präfekturen gespalten. Kaiser Jingdi war alarmiert wegen der Versuche der Fürsten, ihre Macht auszuweiten, und verkleinerte ihre Lehen. Daraufhin tat sich der ehrgeizige Fürst Liu Bi mit sechs anderen Fürsten zusammen und rebellierte. Als die Fürsten der Hauptstadt näher kamen, wandte Jingdi sich hilfesuchend an Zhou Yafu. Der Kaiser wollte, daß Zhou Yafu zuerst seinen Bruder befreite, den die Rebellen belagert hatten. Da Zhou Yafu wußte, daß die Rebellen bester Stimmung waren, verzichtete er darauf, sie anzugreifen. Statt dessen schickte er berittene Truppen hinter die aufständischen Kräfte, um ihnen den Nachschub abzuschneiden, denn ihm war klar, daß sie die Belagerung nicht fortsetzen konnten, wenn sie ihre Vorräte an Korn, Pferdefutter und Pfeilen nicht auffüllen konnten. Als Liu Bi dies begriff, brach er die Belagerung ab, um, wie er glaubte, eine schnelle, entscheidende Schlacht gegen Zhou Yafu zu schlagen.

Statt zu kämpfen, ließ Zhou Yafu seine Soldaten im Lager bleiben, das mit hohen Wällen und tiefen Gräben gesichert war. Als die Vorräte nach mehreren Tagen rasch zu Ende gingen, erteilte der verzweifelte Liu Bi Befehl, das Lager anzugreifen. Als Zhou Yafu ohrenbetäubende Schlachtrufe und Trommelwirbel im Südosten hörte, schickte er eine kleine Division an die Südostecke des Lagers. Er selbst führte Elitetruppen an die Nordwestecke, denn er hatte den Lärm im Südosten richtig als Trick gedeutet, um die Aufmerksamkeit von der Richtung abzulenken, in der die Rebellen ihre Kräfte wirklich konzentrierten.

Zhou Yafus Adjutanten meinten, er wolle der Gefahr entkommen, und verhöhnten ihn – aber nicht lange. Im Schutz der Dunkelheit schlich sich Welle auf Welle von Liu Bis Truppen von Nordwesten her an. Als sie nah ans Lager herangekommen waren, gab Zhou Yafu seinen Bogenschützen Befehl, zu schießen. Liu Bis Leute hatten von dieser Seite keine Verteidigung erwartet; sie erlitten hohe Verluste und rannten in heilloser Unordnung fort. Schließlich war Liu Bis Getreidevorrat erschöpft, und er mußte sich zurückziehen. Zhou Yafu setzte ihm nach. Die hungrigen und ausgelaugten Truppen unter Liu Bi waren leicht zu überwältigen, und die Aufstandsbewegung brach zusammen.

Bei anderen Gelegenheiten haben clevere Militärstrategen mit großem Erfolg die List angewandt, zum Schein im Osten anzugreifen und wirklich im Westen zuzuschlagen. Sie war eine Lieblingslist Mao Zedongs, und er erläuterte sie detailliert in seinem Aufsatz „Über den Hinhaltekrieg". Der Schlüssel liegt darin, sicherzustellen, daß der Gegner Ihre Täuschungsmanöver nicht durchschaut. Die List funktioniert am wahrscheinlichsten, wenn die Gegenseite verwirrt ist und nicht erkennen kann, wo Ihr Ziel wirklich liegt. Sie hängt davon ab, einen falschen Eindruck zu erwecken – den Feind glauben zu machen, Sie planten eine Vorgehensweise, während Sie in Wirklichkeit etwas anderes vorhaben. Dahinter steckt ein ähnliches Prinzip wie bei List 1, das Meer zu überqueren, indem man den Himmel täuscht, denn bei beiden trifft das Ungewohnte an Stelle des Gewohnten oder Erwarteten ein. Die konkreten Taktiken, mit denen diese beiden Listen praktiziert werden, sind jedoch verschieden: Das Überqueren des Meeres beruht darauf, Geheimnisse in aller Offenheit zu verbergen, während der Scheinangriff nach Osten den Feind über die Richtung täuscht. Wenn man das Meer überquert, wiegt man den Feind in Sicherheit, bis seine Sinne stumpf sind und er keinen Angriff erwartet. Beim Scheinangriff nach Osten erweckt man einen falschen Eindruck, so daß der Feind meint, der Angriff komme aus einer Richtung, während er in Wirklichkeit aus einer anderen kommt.

Im Frühling 1798, als Napoleon plante, Ägypten und dann Indien zu erobern, setzte er die englische Marine auf die falsche Fährte, indem er die Fehlinformation verbreitete, seine Mittelmeerflotte werde auf den Atlantik hinausfahren und Irland angreifen. England bereitete sich tatsächlich darauf vor, die französische Flotte an der Meerenge von Gibraltar abzufangen. Statt dessen überquerten Napoleons Schiffe das Mittelmeer in Richtung Ägypten. Als die Engländer den Trick durchschaut hatten, segelten sie nach Alexandria, wo sie noch vor den Franzosen eintrafen. Dann rechneten die Engländer damit, daß Napoleon in Konstantinopel landen würde, und fuhren dorthin, woraufhin die französische Flotte mühelos in Alexandria landete.

Die amerikanische Invasion in Grenada arbeitete 1983 mit einem Trick der gleichen Art. Zuerst ließ man an die Presse durchsickern, ein Flugzeugträger werde in den Mittleren Osten geschickt, um die Friedenstruppen im Libanon zu unterstützen. In Wirklichkeit fuhr die Flotte nach Grenada. Ohne Vorwarnung wurde die Insel im Handumdrehen besetzt.

Ein Scheinangriff im Osten, wenn man im Westen zuschlägt, ist eine gängige Angriffstaktik im Sport. Basketballer täuschen Pässe an, Boxer arbeiten mit Finten und Schläger beim Baseball, die kurz schlagen wollen, holen weit aus, um die Gegenmannschaft „kalt zu erwischen".

Ein Unternehmen, das ein neues Produkt entwickelt und dafür Zeit gewinnen möchte, kann die Konkurrenz auf eine falsche Spur setzen, indem es durchsickern läßt, daß es an etwas anderem arbeitet. Ein Diplomat, der eine heikle diplomatische Mission geheimhalten will, kann die Presse abschütteln, indem er zur Deckung eine Geschichte verbreitet, die einen anderen Aufenthaltsort nennt.

In der Wirtschaft können raffinierte Ablenkungsmanöver sowohl individuellen als auch Firmeninteressen dienen, wo ein direktes Vorgehen scheitern würde. Nehmen wir einen Manager, dessen Gehalt an den Marktwert seiner Firma gebunden ist. Natürlich hofft er, daß der Preis der Aktien steigt. Ist seine Firma unterbewertet, so hat er ein Motiv, dies die Investoren wissen zu lassen. Verkündet er jedoch einfach, die Aktien seien unterbewertet und jeder sollte sie kaufen, dann denken die Investoren wahrscheinlich, daß er aufschneidet, und tun das Gegenteil. Statt dessen kann er einen anderen Kurs steuern und mehr Geld aufnehmen. Erhöhte Verschuldung impliziert ein höheres Konkursrisiko, und da der Manager im Konkursfall vertragsgemäß bestraft würde, schließen die Investoren, daß er gute Gründe für die Meinung hat, daß die Dinge besser stehen, als der Preis der Aktien reflektiert. Durch Veränderungen der Kapitalstruktur, die Informationen über Profit und Risiko der Firma vermitteln, erhält er seine wohlverdiente Gehaltserhöhung.

Kreditkartenunternehmen führen regelmäßig Scheinangriffe nach Osten durch, während sie im Westen zuschlagen, wenn sie die niedrigen Jahresgebühren herausstreichen, aber die Finanzierungskosten herunterspielen. Die Verbraucher achten meist viel mehr auf die Jahresgebühr als auf ihre monatlichen Finanzierungskosten, obwohl sie gerade dabei kräftig zur Kasse gebeten werden: Eine Studie von Professor Lawrence Ausubel von der Northwestern University ergab, daß innerhalb eines typischen Quartals in den Jahren 1983–1987 die Senkung der Sätze bei Kreditkarten nur ein Zwanzigstel der Senkung bei anderen kurzfristigen Finanzierungen betrug.

Ablenkung ist ein alter Trick zur Beruhigung von Kindern. Leider sind sie immer schwerer abzulenken, je größer sie werden; wenn sie erst einmal Teenager sind, wissen sie, daß man absichtlich das Thema wechselt. In manchen Kontexten funktioniert Ablenkung aber noch bei Erwachsenen, solange der Scheinangriff nach Osten überzeugend und der eigentliche Angriff im Westen ausreichend getarnt ist. In einer Liebesbeziehung kann vorgetäuschte, milde Zuneigung zu jemand anderem gerade genug Eifersucht bei Ihrer wahren Liebe entfachen, um sie Ihnen in die Arme zu treiben.

Als psychologisches Hilfsmittel kann ein Scheinangriff nach Osten, während man im Westen zuschlägt, die Dinge in die richtige Perspektive rücken. Wenn Sie in Ihrem Beruf oder Alltagsleben auf Probleme stoßen und zuerst an die wirklich ernsten Probleme wie Hunger, Krieg und andere Nöte denken, die einen Großteil der Menschen bedrängen, dann wird Ihr eigenes Los Ihnen plötzlich weit erträglicher vorkommen. Oder Sie wollen vielleicht mehr tun und einen Teil Ihrer kostbaren Zeit dem Einsatz für die Armen, Kranken oder Obdachlosen widmen. Wahrscheinlich werden Sie feststellen, daß Sie konventionelle Arbeit und die Verantwortung für die Familie mit noch mehr Mut und Energie bewältigen können.

# Teil II
# Listen für die
# Konfrontation

*Konfrontation geschieht oft zwischen zwei etwa gleich starken Gegnern. Den Ausschlag der Waage erreicht man mit mehr Täuschung und daher mehr Komplexität. Die Listen in dieser Gruppe bauen auf Heimlichkeit und Verschlagenheit auf – den Feind dazu bringen, einen zu unterschätzen, Anschleichen von hinten, Infiltration und das Ausnutzen von Schlupflöchern.*

*Alles in der Welt ist aus etwas ge-
schaffen, das wiederum aus nichts
geschaffen ist.*
  *(Lao Zi, Der Weg der Macht)*

**LIST**

# 7

*Wu zhong sheng you*

**Mache etwas aus nichts**

Diese List beruht auf der Yin-Yang-Beziehung zwischen Sein
und Nichtsein, Wahrheit und Unwahrheit, Sein und Schein,
Fülle und Leere. Wenn Sie aus nichts etwas machen können,
ist noch unter den düstersten Umständen der Erfolg möglich.
Dies geschah, als Zhang Xun, ein tapferer Regierungsbeamter
der Tang-Dynastie (618–907 n. Chr.), seine Stadt trotz schein-
barer Hoffnungslosigkeit gegen Truppen verteidigte, die gegen
die kaiserliche Regierung rebellierten.
Anführer der Rebellion war An Lushan, dessen Ehrgeiz ebenso groß war wie sein sexuelles Können: Erst usurpierte er die
Lieblingskonkubine des Tang-Kaisers und dann den Thron.

Ein ehemaliger kaiserlicher Beamter namens Linghu Chao, der Lushan unterstützte, belagerte mit 40000 Mann die Stadt Yongqiu, wo Zhang Xun eine kleine Truppe unter Waffen hatte. Nach vierzig Tagen verkauften einige Stadtbewohner ihre Kinder für Essen. Aber Zhang Sun weigerte sich, zu kapitulieren, und ließ Offiziere, die sich ergeben wollten, enthaupten. Als den Verteidigern von Yongqiu die Pfeile ausgingen, befahl Zhang Xun den Leuten, tausend lebensgroße Strohpuppen zu machen und schwarz anzuziehen. Seine Soldaten ließen sie nach Einbruch der Dunkelheit an Seilen von der Stadtmauer herunter. Linghu Chaos Truppen schossen Zehntausende von Pfeilen auf die vermeintlich fliehenden Feinde ab. Die Pfeile blieben in den Strohmännern stecken, und Zhang Xuns Soldaten zogen sie wieder an der Stadtmauer hoch. Erst dann wurde Lianghu Chao klar, daß die nächtlichen Gestalten Puppen waren, und er stellte die Kampfhandlungen ein. Aber da war es zu spät – und Zhang Xun hatte nicht mehr Mangel, sondern Überfluß an Pfeilen.

Später in derselben Nacht schickte Zhang Xun 500 seiner tapfersten Kämpfer an den Seilen hinunter. Lianghu Chaos Leute dachten, es seien wieder Strohmänner, und achteten nicht auf sie. Zhang Xuns Männer stürmten das Lager der Rebellen und hieben den schlafenden feindlichen Soldaten die Köpfe ab, als wären es Melonen. Die Rebellen gerieten in Verwirrung, und Linghu Chao mußte den Rückzug befehlen.

So verwandelte Zhang Xun eine passive in eine aktive, machtvolle Situation. Seine Verteidigung von Yongqiu war ein wichtiger Faktor in der Umkehrung der militärischen Situation zugunsten der kaiserlichen Armee.

Eine andere Geschichte darüber, wie jemand aus nichts etwas machte, erzählt, wie Cao Cao, ein Hauptakteur in der Rivalität zwischen den Drei Reichen, durstige Soldaten auf einem langen Marsch vom Desertieren abhielt. Er galoppierte auf die Kuppe eines Hügels, sah in die Ferne und rief seinen Soldaten dann zu: „Nicht allzuweit von hier liegt ein Pflaumengarten!'' Den Soldaten begann das Wasser im Mund zusammenzulaufen, und die Krise war abgewendet.

Ein faszinierendes Beispiel dafür, wie tatsächlich etwas aus scheinbar nichts gemacht werden kann, ist der jüdisch-christliche Gottesbegriff. Manche Historiker glauben, daß der Glaube an einen unsichtbaren Gott es war, der die Juden als Gruppe zusammenhielt, nachdem andere semitische Völker überrannt wurden. Alle anderen Gruppen hatten in Standbildern verkörperte Nationalgötter, die in Tempeln wohnten – wurden die Bilder zerschlagen und der Tempel geschleift, so starb der Glaube an den Gott aus. Der unkörperliche jüdische Gott war physisch unnahbar und deshalb unzerstörbar. Die ebenso unkörperliche Macht des christlichen Gottes trägt zweifellos dazu bei, daß das Christentum heute eine weltweit mächtige Kraft ist.

Eine Variation davon, etwas aus nichts zu machen, ist, andere glauben zu machen, man habe nichts, wenn man tatsächlich etwas hat. Im Koreakrieg konnte Mao Zedong die USA dazu bringen, Chinas Fähigkeit, zu intervenieren, erheblich zu unterschätzen. Doch während General Douglas MacArthur über den direkt bevorstehenden Sieg sprach, überquerten über 100000 chinesische Soldaten im Schutz der Dunkelheit leise den Fluß Yalu.

Propaganda besteht oft aus Bemühungen, aus nichts etwas zu machen. Die Erfindung kann zur Wirklichkeit werden; die tausendfach wiederholte Lüge kann schließlich als Wahrheit anerkannt werden. Propagandistische Bestrebungen haben jedoch am ehesten Erfolg, wenn sie viel aus wenig machen und auf vorhandene Einstellungen aufbauen, um Ängste hochzupeitschen, Vorurteile zu schüren oder die Wahrnehmung von Tatsachen zu verdrehen.

Aus nichts etwas zu machen ist eine erprobte und bewährte List in der Spionage. Der vielleicht erfolgreichste Spionage-Coup im Zweiten Weltkrieg umfaßte die Schaffung einer fiktiven Person, angeblich eines britischen Majors, dessen ertrunkene Leiche 1943 von spanischen Fischern gefunden wurde.

Die Engländer hatten diese Täuschung so sorgfältig vorbereitet, daß der Tod des Majors sogar in der Londoner Times gemeldet wurde. Dokumente, die bei der Leiche waren, machten glaubhaft, daß die Alliierten eine Invasion in Griechenland planten. Dies teilten die Spanier den Deutschen prompt mit. In Wirklichkeit war Sizilien das Ziel der Invasion.

Manche Branchen sind geschickt darin, aus nichts etwas zu machen; ein bemerkenswertes Beispiel ist die Automobilindustrie. Automobilhersteller bringen jedes Jahr „neue" und „verbesserte" Modelle heraus, aber die meisten haben lediglich innen einen anderen Stoff, neue Nadelstreifen oder neu geformte Sitze, höchstens einen stärkeren Motor. Nur eine Handvoll der Hunderte von PKW- und LKW-Modellen kann mit Recht als neu bezeichnet werden – d. h., sie weichen bei Motor, Aufhängung, Styling oder Maßen wirklich vom Modell des Vorjahres ab. Unter den 1990er Modellen gehörten zum Beispiel General Motors' Mini Van, ein paar Modelle von Honda- und Nissan-Limousinen, die Sportcoupés von Chrysler und Mitsubishi sowie die Angebote einiger anderer Importeure auf dem amerikanischen Markt zu den wenigen wirklich neuen Autos.

Etwas aus nichts zu schaffen kann die Form einer raffinierten Reklametechnik annehmen. Nissan lancierte seine neue Oberklasse „Infiniti" mit einer Werbekampagne, die Nachfrage für ein Produkt schaffen sollte, ohne es überhaupt zu zeigen. Die Anzeigen brachten ruhige Szenen und Symbole, alles – von Felsformationen bis zu Vögeln –, aber keine Autos.

Neuerer sind einfach deshalb innovativ, weil sie dort Dinge erschaffen, wo andere nie Möglichkeiten erkannten. Präsidentschaftswahlkämpfe waren kein besonderes Thema, bis Theodore White 1968 sein erstes Making of the President schrieb und dasEreignis zu einem Medienspektakel machte. Der Journalist Timothy Crouse ging noch einen Schritt weiter – nach The Boys on the Bus, seiner Analyse, wie die Nachrichtenmedien sich um jede Wahlrede und jede Wahlversammlung balgten, wurde es Mode, über die Wahlkampf-Berichterstattung zu berichten.

Brian Ferren hat in East Hampton im Staat New York ein Unternehmen mit vierzig Mitarbeitern auf die Annahme gegründet, daß es immer Nachfrage für Dinge geben wird, die nicht
existieren. Er entwickelt Dinge, die so neu sind, daß sie nicht
einmal Namen haben, von Filmkulissen, die spezielle Einrich-
tungen oder Effekte brauchen, bis zu Multimedia-
Innenausstattungen für Einkaufszentren.
Natürlich erweist es sich oft als kontraproduktiv, aus nichts etwas zu machen. Eines von Parkinsons Gesetzen, das Gesetz
der Trivialität, sagt voraus, die Zeit, die für jeden Tagesord-
nungspunkt einer Konferenz aufgewendet wird, sei umgekehrt
proportional zu den fraglichen Kosten. Mit anderen Worten:
Es werden ständig aus Mücken Elefanten gemacht.
Aus nichts etwas zu machen, kann auch „nach hinten losgehen", wenn auf diese Weise ein Kartenhaus entstanden ist. Michael Milken, einstiger „Junk Bond'-Chef von Drexel Burn-
ham Lambert, wurde reich und berühmt durch seinen Erfolg
bei der Finanzierung von Firmenübernahmen mit riskanten
Sicherheiten zu hohen Zinsen. Nachdem Milken jedoch wegen
unsauberer Geschäftspraktiken und Verstößen gegen die Ef-
fektengesetze verurteilt und seine gesamte Methode in Frage
gestellt worden war, schien es, als könnten derlei Transaktionen einmal der Vergangenheit angehören.

*Der Angriff gelingt, wo der Feind
die Verteidigung vernachlässigt.
(Sun Zi, Die Kunst des Krieges)*

## LIST
# 8

暗渡陳倉

*An du chen cang*

**Gib vor, einen Weg zu gehen,
und schleiche einen anderen
entlang**

Diese List setzt offenen, berechenbaren und öffentlichen Manövern verdeckte, überraschende und geheime gegenüber. Sie beinhaltet, die Aufmerksamkeit auf einen Weg zu lenken, während man alternative Wege entwickelt und sich verhält wie der Wind, der durch die kleinsten Ritzen pfeift, wenn er durch Fenster oder Tür nicht hineinkommt.

In alten Zeiten war der Feldherr Han Xin berühmt dafür, daß er vorgab, einen Weg zu gehen, und dann einen anderen entlangschlich. Han Xin half Liu Bang bei der Machtergreifung der Han-Dynastie, die China über vierhundert Jahre beherrschte (206 v. Chr. – 220 n. Chr.).

Die Han-Dynastie war die zweite, die ein geeintes China regierte. Die erste war die Qin-Dynastie. Deren Begründer Ying Zheng hatte sechs verfeindete Staaten besiegt und 221 v. Chr. zu einem zentralisierten Reich vereinigt. Ying Zhengs Leistungen waren vielfältig: Sie umfaßten die Standardisierung der chinesischen Schriftsprache, des Kalenders, der Währung, der Maße und Gewichte, sogar der Achsenlänge von Karren. Allerdings war Ying Zheng auch äußerst grausam: Er ordnete an, alle Bücher zu verbrennen, außer denen über Medizin, Agronomie, Wissenschaft und Technik, und ließ 460 Gelehrte bei lebendigem Leibe verbrennen. Er und sein Sohn, der ihm nachfolgte, trieben bis zu zwei Dritteln der Ernte als Pachtzins für das Land ein. Sie zwangen 300000 Fronarbeiter, die Große Mauer zu bauen; weitere 700000 mußten einen Palast und ein Mausoleum bauen und Grabbeigaben liefern, zum Beispiel die berühmte Armee von Terrakotta-Kriegern, die so viele Touristen in die heutige Stadt Xian lockt.

Gegen diese drückende Herrschaft revoltierten die Bauern. Bewaffnet mit Keulen und Hacken marschierten sie auf die Hauptstadt und stürzten die Dynastie. Dann kam es zu einem Machtkampf zwischen den beiden Rebellenführern – Xiang Yu und Liu Bang. Der Hauptteil der Bevölkerung war für Liu Bang, weil Xiang Yu ebenso grausamen Exzessen gefrönt hatte wie die gestürzten Herrscher. Er hatte zum Beispiel 200000 Soldaten von Qin, die sich schon ergeben hatten, in eine Todesfalle gelockt und einen Gelehrten in einem Kessel mit siedendem Öl hingerichtet. Doch Xiang Yu konnte für eine Weile die Oberhand gewinnen, weil seine Armee viermal größer war als die von Liu Bang.

Xiang Yu erklärte sich zum König von Chu und ernannte Liu Bang zum König von Han; dadurch beschränkte er ihn auf ein Territorium im Süden, das durch eine steile Bergkette abgeschnitten war. Liu Bang gab vor, mit seinem Los zufrieden zu sein, und verbrannte sogar die Wege aus Holzplanken, die über die Berge führten und die einzige Verbindung zwischen seinem Gebiet und der Außenwelt darstellten. In Wirklichkeit

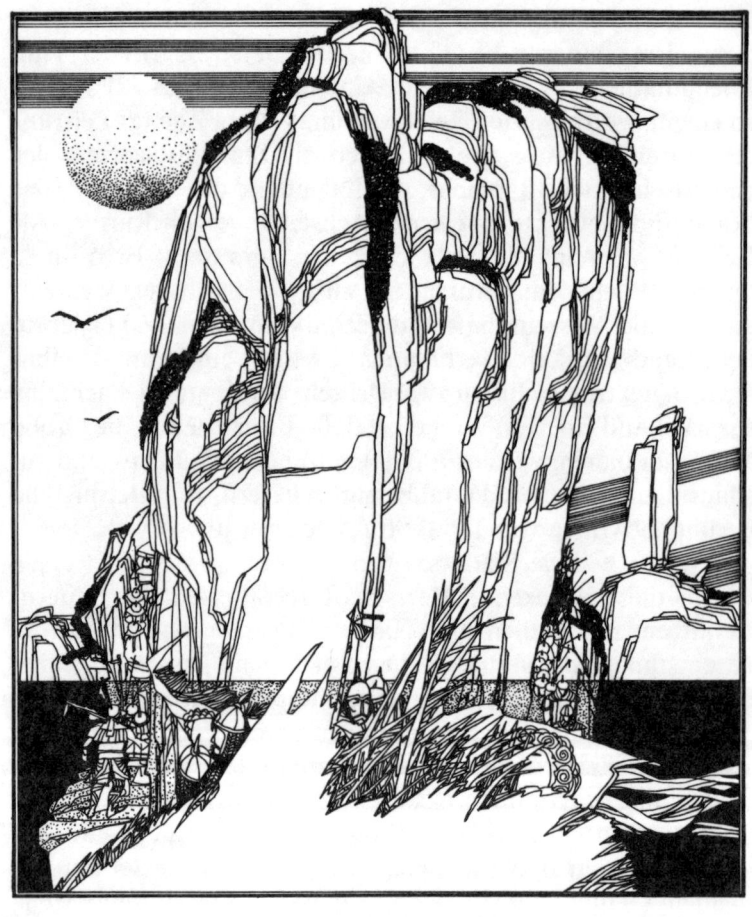

Die Truppen des begabten Strategen Liu Bang „geben vor, einen Weg zu gehen, während sie einen anderen entlangschleichen" – einen gewundenen Pfad durch die Berge, der ihnen einen Überraschungsangriff ermöglicht.

drillte er jedoch seine Armeen unter dem Kommando des talentierten Feldherrn Han Xin.

Drei Jahre später entdeckte Xiang Yus General in dieser Region, Zhang Han, daß Han Xins Leute die Plankenwege wieder aufbauten. Zhang Han war amüsiert, denn man brauchte nur eine kleine Truppe, um den Ausgang zu bewachen. Kurz danach erfuhr Zhang Han zu seinem Entsetzen, daß Han Xins Truppen die Nordseite der Bergkette erreicht hatten. Der Wiederaufbau der Plankenwege war nur eine Kriegslist gewesen; unterdessen ging Han Xins Haupttruppe auf Gewaltmärschen über einen gewundenen Umweg durch die Berge. Zhang Han nahm sich das Leben, und innerhalb eines weiteren Jahres hatte Liu Bang Xiang Yu besiegt und China wieder geeint.

Die Landung der Alliierten in der Normandie im Zweiten Weltkrieg ist eine moderne Anwendung der List, scheinbar einen Weg zu gehen und in Wirklichkeit einen anderen entlangzuschleichen. Die Deutschen erwarteten nicht, daß die alliierten Truppen den Ärmelkanal an dieser Stelle überqueren würden, und konzentrierten ihre Verteidigungskräfte auf das Gebiet um Calais. Die Alliierten taten ihr Bestes, um diese Fehleinschätzung zu unterstützen, und deshalb wurden die Deutschen überrascht.

Politiker wenden diese List oft in Krisenzeiten an. Manche Beobachter glauben, daß die britische und die argentinische Regierung zum Teil deshalb in den Falkland-Krieg zogen, um von innenpolitischen Problemen in ihren Ländern abzulenken. Beiden Regierungen gelang es, wieder eine gewisse öffentliche Zustimmung zu bekommen, indem sie nationalistische Gefühle schürten.

In der Wirtschaft hat sich die List als gutes Marketing-Instrument erwiesen. Ein Beispiel sind die allgegenwärtigen Verlosungen, die die Zeitschriftenvertriebe durchführen. Die Teilnahmebedingungen machen deutlich – wenn man sich die Mühe macht, sie zu lesen –, daß kein Kauf erforderlich ist. Aber die Mailings nutzen unser Vertrauen ebenso wie unsere Fairneß geschickt aus: Wir können nicht glauben, daß wir für nichts etwas bekommen, und wir fänden das auch nicht richtig. Deshalb abonnieren viele von uns brav wenigstens eine Zeitschrift, wenn wir unser Glück versuchen – eine Zeitschrift, die wir wahrscheinlich nie gekauft hätten, wenn man sie uns direkt angeboten hätte.

In der Werbung kann diese List im Kleingedruckten liegen – ein Ausdruck hierfür ist George Prices zeitloser Cartoon von einer Preistafel, auf der in Riesenlettern „95 cents" steht, mit einem winzigen „and up" (und darüber) in der Ecke.

In der strategischen Planung kann es ein indirekter Weg zu langfristigem Erfolg sein, zum Schein einen Weg einzuschlagen und in Wirklichkeit einen anderen zu gehen. Xerox setzte den Preis seiner ersten Kopiermaschine auf exorbitante 2,95 Millionen Dollar. Die Absicht war, Miet- und Serviceverträge zu fördern, und so ein Netz von abhängigen Kunden aufzubauen.

Diese List kann im Umgang mit Eltern, Freunden, Ehepartnern oder Chefs helfen, wenn man ein Projekt verfolgt, das man selbst für gut hält, das alle anderen aber für verrückt halten. Wenn die ganze Welt sich gegen Sie zu verbünden scheint, müssen Sie den Anschein erwecken, sich zu fügen, während Sie trotzdem tun, was Sie für richtig halten. Zum Beispiel sollte der Abiturient, dessen Eltern etwas dagegen haben, daß er ein Jahr Urlaub von den Lehrbüchern macht, brav alle Bewerbungen an Universitäten ausfüllen – während er seine Reiseroute in Lateinamerika plant. Und der Angestellte mit einer kostensparenden Idee, die der Chef ihm nicht abkauft, muß sie vielleicht zu Hause entwickeln.

*Eine Muschel nahm mit offener*
*Schale ein Sonnenbad; da kam ein*
*Kranich und pickte nach ihrem*
*Fleisch. Die Muschel schnappte zu*
*und klemmte den langen Schnabel*
*des Kranichs ein. Keiner wollte dem*
*anderen nachgeben. Endlich kam*
*ein Fischer vorbei und fing sie*
*beide.*

*(Chinesische Fabel)*

## LIST

# 9

隔岸观火

*Ge an guan huo*

**Beobachte die Feuer am anderen Flußufer**

Die Feuer am anderen Flußufer beobachten heißt die Vernichtung der Feinde ihnen selbst überlassen. Ein anderer chinesischer Ausdruck dafür ist „Sitze auf dem Berg und sieh zu, wie die Tiger kämpfen".

Diese List nutzt die Widersprüche und das Parteiengerangel im feindlichen Lager. Sie erfordert eine passive Haltung; man muß geduldig abwarten, daß die Feindseligkeit zum Ausbruch kommt. Diese List ist in Hexagramm 14 im Buch der Wandlungen reflektiert, was Bequemlichkeit bedeutet; dies impliziert, daß man nicht handeln muß, sondern sich zurücklehnen und auf erfreuliche Nachrichten warten kann.

Der verschlagene Führer Cao Cao besiegte in der Zeit der Drei
Reiche mit dieser List die Yuan-Brüder – Yuan Tan, Yuan
Shang und Yuan Xi. Kaum hatten die drei einen Angriff von Cao Cao abgewehrt,
als sie begannen, einander zu bekämpfen. Der Älteste, Yuan
Tan, war wütend, weil ihr verstorbener Vater den mittleren
Sohn Yuan Shang zu seinem Erben ernannt hatte. Yuan Tan
bat Cao Cao, ihm zur Durchsetzung seiner Erbfolgerechte zu
verhelfen. Statt dessen tötete Cao Cao Yuan Tan und besiegte
auch Yuan Shang und Yuan Xi. Die beiden flohen und wand-
ten sich hilfesuchend an Gongsun Kang, den Häuptling eines
Nomadenstammes im Nordosten.
Gongsun Kang war in einer Zwickmühle: Er traute den Yuan-
Brüdern nicht, denn ihr Vater hatte ihn im Lauf der Jahre
mehrfach angegriffen. Andererseits konnten ihm die beiden
überlebenden Brüder, wenn er sie unterstützte, gegen Cao Cao
helfen, dessen Generäle einen Nomadenstamm nach dem anderen besiegten. Gongsun Kang ließ den Brüdern mitteilen, er
sei krank, und sandte Spione aus, um Cao Caos Absichten
herauszufinden. Tatsächlich plante Cao Cao keinen Angriff.
Er hatte beschlossen, die Yuan-Brüder Gongsun Kang zu
überlassen, als er erfuhr, daß sie sich an ihn gewandt hatten.
Schließlich zitierte Gongsun Kang die Yuan-Brüder in seinen
Empfangssaal und forderte sie auf, Platz zu nehmen. Als
Yuan Shang fragte, ob der Häuptling Kissen für die blanken
Holzbänke bringen lassen könne, erklärte Gongsun Kang:
„Eure Köpfe werden gleich zehntausend Meilen reisen; wozu
also über Kissen reden?" Daraufhin sprangen Soldaten aus ih-
ren Verstecken und hieben den Yuan-Brüdern die Köpfe ab.
Ein paar Tage später erhielt Cao Cao die beiden Köpfe in
Holzkisten. Zur Belohnung ernannte Cao Cao Gongsun Kang
zum Herzog.
Der gleichen List entsprechend wartete Japan am Anfang der
1930er Jahre ab, während Chinesen gegen Chinesen kämpften.
Nach Chiang Kai-sheks Massaker an den Kommunisten im
Jahr 1927 wurde die Auseinandersetzung zwischen der Kuo-

mintang und der kommunistischen Partei zusehends blutiger. Als beide Seiten manövrierunfähig waren, besetzte Japan 1931 die Mandschurei. Dann wartete Japan weiter, während der chinesische Bürgerkrieg eskalierte und die Kommunisten aus ihren Hochburgen im Süden vertrieben wurden und den Langen Marsch zur Löß-Hochebene im Nordwesten antraten. Schließlich besetzte Japan 1938 ganz China.

Beim Aufbau von Reichen wurden immer wieder die Feuer am anderen Flußufer beobachtet. Vom 15. Jahrhundert an dehnten die Westeuropäer, besonders die Holländer, Skandinavier, Spanier, Portugiesen, Franzosen und Engländer, ihre Ambitionen auf überseeische Gebiete aus, während die mitteleuropäischen Fürsten einander bekriegten und versuchten, jeweils auf Kosten der anderen an Größe zu gewinnen. Als die Kolonialmächte dann um ihre Eroberungen stritten, expandierte das zaristische Rußland nach Osten.

Der kleine Mann kann oft unerwartete Vorteile daraus ziehen, daß er die Entscheidungsschlachten größeren Gegnern überläßt. Das sehen wir manchmal im Sport: Bei der Winterolympiade 1988 konzentrierte sich zum Beispiel die Aufmerksamkeit der Welt auf das Eiskunstlauf-Duell zwischen Katharina Witt aus der damaligen DDR und Debi Thomas aus den USA und setzte beide Sportlerinnen unter enormen, belastenden Druck; unterdessen holte sich die relativ unbekannte Kanadierin Elizabeth Manley in aller Ruhe die Silbermedaille.

In der Wirtschaft können Neulinge Vorteile aus dem Gerangel etablierter Gegner ziehen. Ende der 1970er Jahre stritten zwei amerikanische Unternehmen wegen der Namensähnlichkeit ihrer Insektenvertilgungsmittel – Cal Mex Bug Destroyer, das mit Elektrizität funktionierte, und Calameks Bug Killer, das mit einer geruchserzeugenden Chemikalie arbeitete. Unterdessen überholten die japanische Maebashi Industries beide mit ihrem Schallwellen-Insektenvertilgungsmittel.

Wenn innerhalb von Unternehmen und anderen Organisationen Parteienstreitigkeiten auftreten, haben Manager eine ganze Reihe von Optionen, um die Situation zu bewältigen – von

diktatorischem Eingreifen bis zum Hände-weg-Verfahren.
Manchmal sind jene Manager am erfolgreichsten und beliebtesten, die es den Gegnern überlassen, die Sache bis zur Un-
vernunft auszufechten, und dann als unparteiische Vermittler
auftreten. Diese Technik ist besonders dort wirksam, wo es
von Individualisten wimmelt, zum Beispiel an Universitäten.
Erwachsene spüren gewöhnlich den Impuls, Kinder, die sich
prügeln oder streiten, zu trennen, aber auch hier kann es das
Beste sein, die ,Feuer' zu beobachten. Sogar Kinder im Vor-
schulalter können fähig sein, die Dinge selbst auszufechten,
und mit der Zeit werden sie lernen, wie wichtig Diskussion
und Kompromiß sind.

*Der Mann mit Honig auf den Lippen verbirgt Mord in seinem Herzen.*

*(Chinesisches Sprichwort)*

**LIST**

# 10 笑里藏刀

*Xiao Li cang dao*

**Verbirg einen Dolch in einem Lächeln**

Diese List beinhaltet, das Vertrauen des Gegners zu gewinnen und erst dann zu handeln, wenn er nicht mehr auf der Hut ist. Ein Beispiel für diese Methode liefert der Beamte Li Yifu aus der Tang-Dynastie; er erreichte durch sein verbindliches Auftreten und seine Geschicklichkeit mit Worten eine hohe Stellung am Kaiserhof. Hinter Lis sanftem, freundlichem Gesicht verbargen sich Ehrgeiz, Habgier und Rachsucht. Er ließ seine Familienmitglieder Bestechungsgelder von Leuten eintreiben, die offizielle Titel kaufen wollten. Er verfolgte alle, die ihm im Weg waren – er konnte einen Minister morgens anlächeln und am gleichen Nachmittag hinrichten lassen.

Lange wollte der Kaiser nichts Nachteiliges über Li Yifu hören. Als dieser eine schöne Frau, die zum Tode verurteilt war, aus dem Gefängnis freibekommen wollte, weil er sie zur Konkubine nehmen wollte, wurde der Skandal dem Gefängniswärter zur Last gelegt. Der Wärter erhängte sich. Als ein anderer Beamter berichtete, daß Li Yifu der wahre Schuldige war, hörte der Kaiser ihn nicht an und versetzte den Informanten obendrein auf einen abgelegenen Posten.

Schließlich konnte der Kaiser die Geschichten über Li Yifus Gemeinheit und Bestechlichkeit jedoch nicht länger ignorieren. Li Yifu wurde in eine Grenzregion verbannt, wo er in Ungnade starb. Ein Jahrhundert später schrieb der Tang-Dichter Bai Juyi über ihn: „Menschen wie Li Yifu lächeln immer, und hinter dem Lächeln verbirgt sich ein Dolch."

Man kann seinen Gegner mit Lächeln, Geschenken oder irgendeiner anderen, scheinbar versöhnlichen Geste entwaffnen. Nur einen Monat bevor die Japaner Pearl Harbor bombardierten, sandten sie einen Botschafter, der mit einer Amerikanerin verheiratet war, in die USA, um die pazifischen Interessen beider Länder zu diskutieren.

Firmenpiraten geben nie zu, daß sie auf Blut aus sind – sie behaupten beharrlich, sie wollten nur die Aktionäre für den Wert ihrer Firmen belohnen. Gelingt aber die Übernahme, so schlachten diese Piraten im typischen Fall unverzüglich ihre Neuerwerbung und verhökern die lukrativsten Stücke.

In einem weniger hinterhältigen Sinn kann ein in Lächeln verborgener Dolch auch nur bedeuten, daß man durch gute Taten gute Geschäfte macht. Der Marshall-Plan, der das verwüstete Westeuropa nach dem Zweiten Weltkrieg wiederbelebte, war ein solcher Triumph des amerikanischen Erfindungsgeistes. Die amerikanische Wirtschaft war stärker als je aus dem Krieg hervorgegangen und brauchte neue, größere Märkte, um ihr Wachstum aufrechtzuerhalten. Mit der relativ kleinen Summe von 13 Milliarden Dollar in Darlehen und Zuschüssen an ihre Alliierten erreichten die USA gleichzeitig wirtschaftliche und politische Ziele: Sie schufen einen riesigen neuen Markt für amerikanische Güter in Europa sowie Expansionsmöglichkeiten für US-Multis, bewahrten gleichzeitig die Stabilität in Westeuropa und verhinderten eine Expansion der Sowjetmacht nach Westen. Eine altgediente Form der guten Geschäfte durch gute Taten ist die Gründung einer gemeinnützigen Stiftung; durch sie geben reiche Familien und Unternehmen der Gesellschaft sehr viel, und als Gegenleistung bekommen sie Ansehen und Steuernachlässe. Ein relativ neues Beispiel liefern Pharmakonzerne, die Medikamente im experimentellen Stadium, d. h. noch nicht zugelassene, kostenlos an AIDS-Patienten und andere Schwerkranke abgeben. Die Unternehmen behaupten, aus humanitären Gründen zu handeln, und diese Behauptung kommt einem Lächeln gleich. Doch sie haben auch strategische Ziele – die freundliche Geste verbessert ein Image, das von kritischen Verbrauchern angegriffen wird, ermöglicht ihnen, ihre Kosten geheimzuhalten, da sie die Medikamente ja nicht verkaufen, und gibt ihnen einen Vorsprung im Marketing, wenn die Medikamente für den weiteren Einsatz genehmigt werden. Diese Ziele sind zwar nicht mörderisch, aber sie entsprechen dem Dolch.

Auf der Ebene des Alltagslebens bedeutet die Strategie, ein Messer in einem Lächeln zu verbergen, daß es manchmal notwendig ist, das Negative als etwas Positives auszugeben, um eine Aufgabe oder eine Situation schmackhaft zu machen. Die Menschen können unangenehme Aufgaben oder unwillkommene Nachrichten akzeptieren, wenn sie als etwas Gutes dargestellt werden – so, wie Tom Sawyer andere überzeugte, daß es ein Spaß sei, den Zaun zu streichen.

*Ein Pfirsichbaum wächst neben
dem Brunnen;
Ein Pflaumenbaum schlägt neben
ihm Wurzeln.
Wenn Würmer den Fuß des Pfir-
sichbaums befallen,
Wird der Pflaumenbaum geopfert.*
*(Chinesisches Volkslied)*

## LIST
# 11

*Li dai tao jiang*

**Opfere den Pflaumenbaum für
den Pfirsichbaum**

Man muß manchmal Teilopfer erbringen, um insgesamt zu siegen. Das kann bedeuten, eine Schlacht zu verlieren, um den Krieg zu gewinnen, oder Konzessionen zu machen, um das Hauptziel zu erreichen. Der chinesische Ausdruck „ein Pfand aufgeben, um eine Kutsche zu retten" beinhaltet die gleiche Idee.

Der große Militärdenker Sun Bin, der der Grausamkeit des Pang Juan entkam, um seinem Heimatstaat Qi zu dienen (vgl. List 2), verwendete die List, den Pflaumenbaum für den Pfirsichbaum zu opfern, zuerst auf der Rennbahn und dann auf dem Schlachtfeld.

Der Feldherr Tian Ji aus Qi nahm oft an Rennen teil und wettete mit dem König von Qi auf Pferde; fast immer verlor er. Eines Tages kam Sun Bin mit. Nach aufmerksamer Beobachtung entwickelte er eine Formel, um Tian Jis Erfolg zu garantieren. Tian Ji probierte sie am nächsten Tag aus. Sun Bin hatte bemerkt, daß Tian Jis Pferde in allen drei Wettkampfarten nur um Haaresbreite verloren. Dieses Mal ließ Tian Ji sein erstklassiges Pferd im Rennen der zweiten Klasse gehen, sein zweitklassiges Pferd im Rennen der dritten Klasse und sein drittklassiges Pferd im Rennen der ersten Klasse. Natürlich verlor Tian Ji das Rennen der ersten Klasse, aber er gewann die beiden anderen. Indem er ein Rennen opferte, wurde er zum Gesamtsieger.

Als Sun Bin den Hinterhalt gegen seinen Erzfeind Pang Juan plante, wollte Tian Ji Sun Bins Pferderennen-Methode anwenden: seine schlechteste Kolonne Pang Juans bester opfern, seine eigene beste Kolonne einsetzen, um Pang Juans mittlere Kolonne anzugreifen und seine mittlere, um Pang Juans schlechteste Kolonne anzugreifen.

Statt dessen entwarf Sun Bin einen Plan, der das bergige Gelände nutzte, um Zeit zu gewinnen. Zuerst ging Tian Jis schlechteste Kolonne gegen Pang Juans beste, seine mittlere gegen Pang Juans mittlere, und seine beste schlug Pang Juans schlechteste in einer kurzen Entscheidungsschlacht vernichtend. Schließlich kamen diese beiden Kolonnen Tian Jis schlechtester zu Hilfe, und zusammen besiegten sie Pang Juans beste. Zwar erlitt Tian Jis schlechteste Kolonne hohe Verluste, aber seine Truppen konnten in drei aufeinanderfolgenden Stadien der Schlacht überlegene Kräfte zusammenziehen und den Gesamtsieg davontragen.

Die List, den Pflaumenbaum für den Pfirsichbaum zu opfern, beruht auf der Yin-Yang-Beziehung zwischen Überlegenheit und Unterlegenheit, Stärke und Schwäche, der Gesamtsituation und der örtlichen Situation, Opfer und Gewinn. Sie erfordert ein sorgfältiges Abwägen des Teilgewinns gegen den Gesamtgewinn sowie des kurzfristigen gegen den langfristigen Nutzen.

Als Kriegslist ist dies nichts für schwache Nerven. Der Preis des Sieges können hohe Verluste sein; als die Sowjets zum Beispiel im Zweiten Weltkrieg den Dnjepr überquerten, wurden zwei Bataillone geopfert, um das Feuer der Deutschen in den Norden von Kiew zu lenken, damit andere Truppen südlich von Kiew über den Fluß kommen konnten. Die Verluste können schwere moralische Fragen aufwerfen wie im Zusammenhang mit dem deutschen Angriff auf Coventry. Die englische Regierung wußte, daß der Angriff kommen würde, da sie jüngst Codes der Deutschen geknackt hatte, beschloß aber, keine Verteidigungsanstrengungen zu unternehmen, um den Deutschen nicht zu verraten, wieviel sie entschlüsseln konnte. Tausende von Zivilisten kamen um.

Auch in der Wirtschaft gehören Nerven dazu, diese List anzuwenden. In der Wirtschaft kommt es oft zu Widersprüchen zwischen kurzfristigen und langfristigen Zielen. Die vom amerikanischen Börsenaufsichtsamt vorgeschriebene vierteljährliche Berichterstattung und die Orientierung der Wall Street-Analysten und Börsenmakler auf den schnellen Gewinn fördern die kurzfristige Perspektive. Die Vorteile der Produktentwicklung, Planung und Installation neuer Fertigungsstätten oder des Einstiegs in neue Märkte werden vielleicht nicht sofort gesehen. Letztlich hängt der Erfolg eines Unternehmens jedoch mehr von solchen langfristigen Projekten ab als von vierteljährlichen Gewinnen.

Freiwilliger Verzicht auf kurzfristige oder lokale Vorteile zugunsten von langfristigen, umfassenden Gewinnen war ein Schlüssel zum Erfolg der japanischen Industrie. Der Unterschied zwischen der japanischen und der amerikanischen Vorgehensweise wird im Fall der Halbleiter anschaulich. In den USA stehen die Chip-Hersteller unter dem Druck, kurzfristige Verluste zu vermeiden; deshalb entlassen sie Arbeiter, wenn die Nachfrage für eine Chip-Generation nachläßt, und müssen wieder aufstocken, um die nächste Generation zu produzieren. Japanische Firmen behalten ihre Arbeiter und gehen gleich zur Produktion der nächsten Generation über.

Die Lektion ist an den amerikanischen Firmen nicht ganz spurlos vorübergegangen. Texas Instruments setzte in der Anfangsphase der Marktentwicklung niedrige Preise fest und nahm Verluste in Kauf; allmählich kamen die Gewinne, als kleinere Wettbewerber aufgaben. Große, wohlhabende Unternehmen sind allerdings klar im Vorteil: Einen Pflaumenbaum für einen Pfirsichbaum opfern ist schwer, wenn man keine hochprofitable Produktlinie hat, mit der man Investitionen in verlustträchtigen Bereichen kompensieren kann. So baute IBM sein Geschäft mit elektronischen Computern auf der Basis seiner marktbeherrschenden Position bei Lochkartenmaschinen auf. Und sogar große Firmen müssen die Strategie mit Vorsicht anwenden und nicht wie Xerox, das die Gewinne aus seinem Erfolg mit Kopierern mit einer Vielzahl unprofitabler Unternehmungen verschleuderte, zum Beispiel dem Versuch, mit IBM zu konkurrieren.

Verglichen mit Herstellern können Dienstleistungsunternehmen den Pflaumenbaum mit weniger Schmerzen opfern, weil die Nettogewinne sich unmittelbarer zeigen. Dieser List entsprechend senkt Greyhound Lines zum Beispiel periodisch die Preise für Busfahrkarten. 1989 tat es dies dreimal, um Reisende zurückzugewinnen, die sich über die steigenden Flugpreise ärgerten und das Autofahren satt hatten. Die Firma stellte fest, daß eine Preissenkung um 1% gewöhnlich eine Umsatzsteigerung von 3% bei Tickets zum sofortigen Fahrtantritt und bis zu 2% bei Vorverkauf-Tickets einbrachte.

Im Zeitalter des Fusionswahns kann „den Pflaumenbaum für den Pfirsichbaum opfern" bedeuten, das Geringere von zwei Übeln zu akzeptieren. Leiter von Unternehmen, die Zielscheibe für Versuche einer ungewünschten Übernahme sind, gehen auf die Jagd nach „weißen Rittern", in der Hoffnung, möglichst viel von ihren eigenen Interessen zu wahren, statt alles zu verlieren.

Die Pflaume für den Pfirsich opfern ist auch auf die Ausgewogenheit zwischen Diversifikation und Konzentration anwendbar. Firmen, die zum Zweck der Risikostreuung diversifizieren, können sich verzetteln. International Harvester versuchte, gleichzeitig mit Ford und General Motors bei Schwerlastwagen, mit John Deere im Sektor der landwirtschaftlichen Maschinen und mit Caterpillar in Baumaschinen zu konkurrieren. Als Zweiter oder Dritter in jedem Bereich konnte die Firma nicht insgesamt stark sein.

Die Fusion in der Form des Konglomerats, die in den USA in den 1970er Jahren ihren Gipfel erreichte, führte zu einer hohen Rate an Firmenschließungen. Einzelne Firmen konnten von kurzfristigen Abschreibungen profitieren, aber für die langfristige Produktivität und die Gesundheit der amerikanischen Industrie war der Trend schlecht. Die Tücken der Industriezusammenballung werden heute besser erkannt als früher. Dennoch kann eine Firma selbst an etwas zugrunde gehen, was wie eine natürliche Expansion aussieht. Im Rahmen seines Vorstoßes in die Telekommunikation kaufte IBM die Firma Rolm für 1,5 Milliarden Dollar, und vier Jahre später, als es 100 Millionen Dollar jährlich verlor, verkaufte es Rolm an Siemens.

Die Gefahren, die von der Konzentration auf kurzfristige, lokale Interessen auf Kosten langfristiger Gesamtperspektiven ausgehen, beschreibt der Ökologe Garrett Hardin treffend als „Tragödie der Gemeindewiese". Jeder Bauer, der berechtigt ist, die Gemeindewiese als Weide zu nutzen, profitiert, indem er seine Herde vergrößert, bis die Überweidung, die aus diesem Verfolgen seines individuellen Interesses resultiert, die Wiese von der sie alle leben, zerstört. Bedenkenlose Ausnutzung von Ressourcen kann den Untergang für alle bedeuten.

Während die modernen Kommunikationsmittel Zeit und Raum immer weiter komprimieren, erweitert diese Erkenntnis der globalen Begrenzung den zeitlichen und geographischen Rahmen, in dem Unternehmen tätig sind. Im Namen der „Unternehmerischen Verantwortung" müssen Betriebsplaner heute teure Investitionen in Recycling-Systeme und Umweltschutzmaßnahmen gegen das langfristige Gemeinwohl abwägen.

*Viele Sandkörner auf einem Hau-*
*fen machen eine Pagode.*
*(Chinesisches Sprichwort)*

## LIST

# 12 榺手牽洋

*Shun shou qian yang*

**Nutze die Chance, eine Ziege zu stehlen**

Diese List bedeutet, Chancen zu nutzen, wenn sie sich bieten. Nicht einmal der geringste Fehler des Feindes sollte übersehen werden. Jeder kleine Ausrutscher der anderen Seite kann Ihnen zumindest einen kleinen Vorteil einbringen.

Die klassische Anwendung dieser List kommt von Wu Qi, auch Wu Zi genannt, einem Militärstrategen aus der Periode der „Kriegführenden Staaten", der im gleichen Atemzug genannt wird wie der große Sun Zi.

Wu hatte eine wechselvolle Lebensgeschichte: Als Kind lief er von daheim fort, weil seine Mutter ihn wegen seiner Leichtfertigkeit getadelt hatte, und schwor, erst dann zurückzukommen, wenn er oberster Feldherr oder Premierminister wäre.

Als Student des Konfuzianismus im Königreich Lu wurde er von seinem Tutor verjagt, weil er es an kindlicher Liebe fehlen ließ – als seine Mutter gestorben war, hatte er nur kurz geweint und war dann wieder zu seinen Büchern gegangen, als wäre nichts geschehen. Als das Königreich Qi das Reich Lu angriff und der König von Lu zögerte, ihn zum obersten Feldherrn zu ernennen, weil seine Frau der Königsfamilie von Qi angehörte, hieb er seiner Frau den Kopf ab und präsentierte ihn dem König.

Der König war nicht gerade begeistert über Wu Qis eigenwillige Weise, seine Treue zu demonstrieren, aber er begriff jetzt, daß dieser begabte Mann zur anderen Seite überlaufen könnte, wenn er nicht bekam, was er wollte. So wurde Wu Qi schließlich zum obersten Feldherrn ernannt, und er schlug die Eindringlinge aus Qi erfolgreich zurück. Später lief er allerdings doch über; da er die Gewohnheit nicht ablegen konnte, seine Vorgesetzten zu erzürnen, ging er zuerst in das Königreich Wei und dann in das Königreich Chu.

König Daowang von Chu ernannte ihn zum Premierminister und ermutigte ihn, weitreichende politische Reformen in die Wege zu leiten. Wu Qi stärkte die Rechtsstaatlichkeit, straffte die Bürokratie und schaffte die Vererbung von Titeln bei Adligen über mehr als drei Generationen ab; statt dessen übertrug er sie verdienten Soldaten. Rasch stieg Chu zur gefürchtetsten Macht unter den kriegführenden Staaten auf.

In Daowangs dreiundzwanzig Regierungsjahren wagte niemand, Chu anzugreifen. Als Daowang aber starb, wurde Wu Qi von den Adligen angegriffen, die ihre Titel eingebüßt hatten. Der König war noch nicht im Sarg, als die Adligen in den Palast einbrachen und eine wilde Jagd begannen. Sie verfolgten Wu Qi bis in die königlichen Gemächer und schossen mit Pfeilen auf ihn. Tödlich getroffen sprang Wu Qi auf die Leiche des Königs und umklammerte sie, während es weiter Pfeile hagelte. Als er tot war, starrte auch die Leiche des Königs von Pfeilen.

Wu Qis Verhalten mochte seltsam erscheinen, doch seine Absicht wurde bald klar. Als Daowangs Sohn den Thron bestieg

Der weitsichtige Wu Qi „nutzt die Chance, eine Ziege zu stehlen"; er um-
klammert die Leiche seines Königs, während seine Rivalen einen Pfeilhagel
auf beide niedergehen lassen, denn er weiß, daß diese Usurpatoren noch
nach seinem Tod aufgrund des Gesetzes gegen die Schändung der königlichen Leiche bestraft werden.

und begann, den Tod seines Vaters zu untersuchen, befolgte er
buchstabengetreu das Gesetz, das Wu Qi mit erarbeitet hatte.
Dieses Gesetz sah für die Verstümmelung der Leiche des Königs die Todesstrafe vor. So wurden Angehörige von siebzig
Adelsfamilien für dieses Delikt hingerichtet. Wu Qi hatte sich
eine letzte Gelegenheit verschafft, seinen eigenen Tod zu rächen.

Die Chance zum Stehlen einer Ziege zu ergreifen ist im kon-
ventionellen militärischen Vorgehen nicht üblich, aber es ist
ein Kernstück des Guerillakrieges. Kleine, schlecht ausgerüstete Truppen können es sich nicht leisten, irgendeine Chance,
dem Feind Schwierigkeiten zu bereiten, ungenutzt zu lassen.
Mao Zedong faßte dies in eine knappe Formel aus sechzehn
Schriftzeichen: „Wenn der Feind vorrückt, ziehen wir uns zurück; wenn der Feind anhält, belästigen wir ihn; wenn der
Feind erschöpft ist, greifen wir an; wenn der Feind sich zu-
rückzieht, setzen wir ihm nach."

In einem wettbewerbsorientierten wirtschaftlichen Umfeld ist
es wichtig, die Fehler und Unachtsamkeiten der anderen zu
bemerken. Dies wußten die Japaner, als sie in der Konsum-
elektronik in die Lücken eindrangen, die amerikanische Hersteller gelassen hatten. Einfallsreiche Unternehmer haben ein
Vermögen damit gemacht, daß sie Bedürfnisse feststellten, die
niemand anderer erkannte – wer hätte gedacht, daß Papp-
Sonnenblenden für Autofenster ein solcher Erfolg werden
würden? Und wer Defizite an beliebten neuen Produkten feststellt, hat es geschafft – wie der Software-Schlaukopf, der ein
Programm schrieb, um den Cursor bei Laptop-Computern,
die sich gerade durchsetzten, zu vergrößern.

Zu denen, die Millionen mit Nischen verdienten, die andere
übersehen hatten, gehören: Sam Moore Walton, der mit seiner
auf Kleinstädte des amerikanischen Sun Belt konzentrierten
Discountkette Wal-Mart ein Vermögen anhäufte; J. R. Sim-
plot, der trotz einer Schulbildung von nur acht Klassen sein
Vermögen machte, indem er jährlich 350 Millionen Kilo Pommes frites an Schnellimbisse verkaufte; und der junge James

Jaeger, der einen Radardetektor entwickelte, mit dem Schnell-
fahrer vor der Polizei gewarnt werden.

Whittle Communications Corporation ist darauf spezialisiert,
aus einem bereits fragmentierten Medienmarkt Zielgruppen-
„Nischen" herauszuschneiden. Die Firma aus Tennessee
schockierte die Kommunikationsindustrie mit ihren Zeitschriften für Arztpraxen und ihrem Fernsehkanal für Schulen.
Dann brachte sie ein Hochglanzmagazin im überregionalen
Stil heraus, das ausschließlich über Schönheitssalons vertrieben wird. Ein Konkurrent und Nachahmer, Communications
Venture Group, wollte den Markt noch weiter aufteilen; er
brachte sechs verschiedene Zweimonatsausgaben heraus, die
verschiedene Themen ansprachen und in den Schönheitssalons von Warenhäusern und Spezialgeschäften angeboten werden sollten.

Der Kern dieser Erfolgsgeschichten ist einfach: Kleine Chan-
cen darf man nie verachten. Die amerikanische Consulting-
Firma Bain and Company hat dieses Prinzip in ihre Akquisi-
tionsstrategie eingebaut. Im Rahmen seiner Bemühungen,
langfristige Beziehungen aufzubauen, übernimmt Bain gern
Kleinaufträge, die der Chef der Kundenfirma von ganzem
Herzen unterstützt und die das Potential haben, spektakuläre
Ergebnisse zu produzieren. Die Hoffnung ist, daß solche
Kleinaufträge durch Verhandlungen zu Großaufträgen
werden.

Große Unternehmen, die jedem etwas bieten wollen, können
kleine Chancen auch nicht ignorieren. Der Chrysler-Präsident
Lee Iacocca hat bemerkt, daß die Reichen in den USA immer
reicher werden, selbst während einer Depression, und daß sie
immer Luxuswagen wollen werden. Dennoch muß die Branche
auch das kostenbewußte Ende des Marktes bedienen und kleine, treibstoffsparende Autos anbieten.

Eine Ziege stehlen ist eine nützliche List zur Karriereförde-
rung. Sie ist nicht gleichbedeutend mit Stiefellecken; sie bedeutet vielmehr, jede Chance zu nutzen, um sich nützlich zu
machen – oder, noch besser, unentbehrlich.

Bei zwischenmenschlichen Beziehungen ist diese List hingegen ein zweischneidiges Schwert. Im negativen Sinn eingesetzt, kann sie persönlichen Beziehungen schaden. Wenn man sich zum Beispiel keine Chance entgehen läßt, seinen Ehepartner zu kritisieren, wird er oder sie sich wahrscheinlich über die Nörgelei ärgern. Im positiven Sinn eine Ziege zu stehlen kann andererseits die persönliche Interaktion sehr fördern. Wenn Ihr chronisch unhöfliches Kind ein „Bitte" herausbringt, sollten Sie es in den Himmel loben; Kinder reagieren gut auf positive Verstärkung dieser kleinen Zeichen von Höflichkeit. Und Erwachsene schätzen billigende Geräusche nicht weniger; offenbar brauchen auch die Großen positives Feedback.

# Teil III
# Listen für den
# Angriff

*Der Angriff ist oft das Schwierigste an der Kriegführung, weil man dabei dem Feuer des Gegners ausgesetzt ist. Die meisten Verluste geschehen bei Angriffen. Die Listen in dieser Gruppe sollen durch Techniken wie Überwachung und Verbergen der eigenen Absicht, subtiles Locken und direktes Zuschlagen dieses Risiko minimieren.*

*Man kann ohne Kampf gewinnen.*
*(Sun Zi, Die Kunst des Krieges)*

**LIST**

# 13 惼 弓 过 海

*Da cao jing she*

**Schlage das Gras, um die
Schlange aufzuscheuchen**

In der Tang-Dynastie gab es einmal einen habgierigen Beamten namens Wang Lu. Die Einwohner seines Bezirks wußten, daß er öffentliche Mittel abzweigte, und legten bei ihm Beschwerde gegen seinen Buchhalter wegen Unterschlagung ein. Ohne nachzudenken schrieb Wang Lu auf die Beschwerde: „Indem Ihr nur auf das Gras schlugt, habt Ihr die Schlange aufgescheucht, die sich darin verbarg."
Diese List beruht auf der Yin-Yang-Beziehung zwischen dem direkten und dem indirekten Umgang mit Problemen. Unter manchen Umständen funktioniert der indirekte Weg besser als der direkte. Wenn man ein untergeordnetes Ziel trifft, kann man seinen Feind so aufscheuchen, daß er entscheidende Ge-

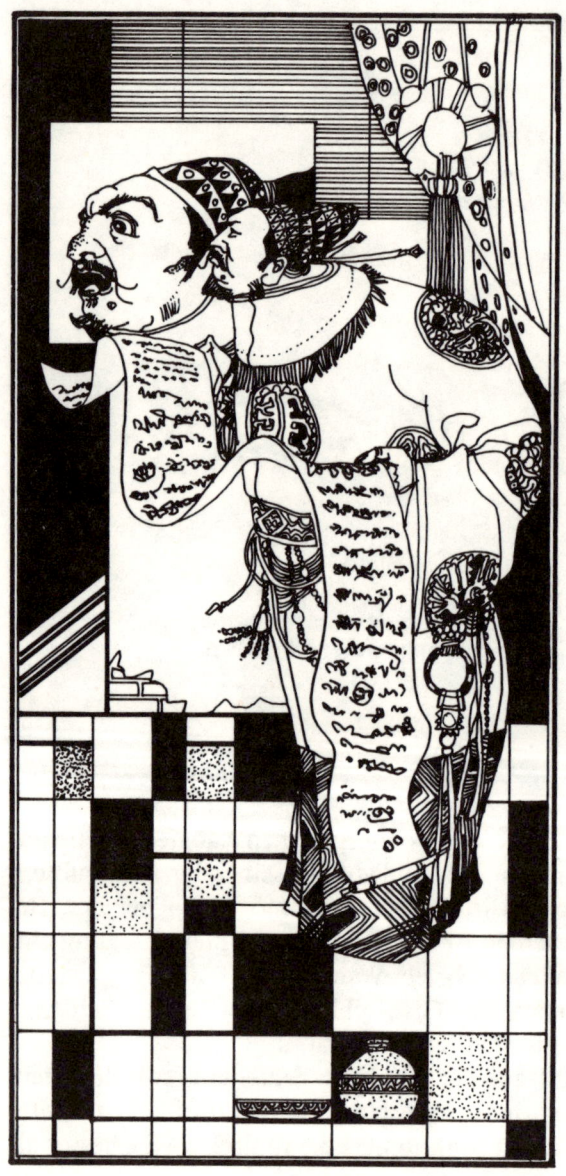

Der habgierige Beamte Wang Lu erkennt, daß die Einwohner seines Bezirks mit einer Beschwerde über seinen Untergebenen wirklich ihn kritisieren – sie „schlagen das Gras, um die Schlange aufzuscheuchen".

heimnisse preisgibt. Manchmal kann man seinen Feind glauben machen, man stehe kurz vor dem Generalangriff, und er wird sich um so bereitwilliger ergeben.

Auf das Gras schlagen ist außerdem eine Methode, einem Feind zuvorzukommen, von dem man einen Angriff erwartet. Ein weiteres historisches Beispiel illustriert, wie gefährlich es ist, das nicht zu tun. 627 v. Chr. beschloß König Mugong von Qin, das Königreich Zheng zu überfallen. Er ignorierte die Warnungen seines höchsten Beraters Qianshu, der sagte, ein Überraschungsangriff sei wegen der weiten Entfernung unmöglich. Qianshu weinte, als Mugong seine Truppen auf den Weg schickte. Es erwies sich als unmöglich, unentdeckt zu bleiben, und die Truppen mußten umkehren. Qianshu hatte außerdem vorausgesagt, daß sie auf dem Heimweg der rivalisierenden Armee von Jin in die Arme laufen würden. Die Soldaten von Qin hätten das Gras schlagen können, um die Wartenden aufzuscheuchen, doch sie mißachteten die Warnung und wurden vernichtend geschlagen.

Sun Zi behandelte den Ratschlag, daß man das Gras schlagen muß, in seinen Betrachtungen über die Beobachtung des Feindes. Er riet, den Feind vor dem wirklichen Angriff zu provozieren und seine Reaktion zu studieren. Dies taten England und Frankreich 1956, als sie eine Ladung Puppen an Fallschirmen auf Port Said hinunterließen, nachdem der ägyptische Präsident Nasser die Souveränität über den Suezkanal zurückverlangt hatte. Nachdem die Stärke der ägyptischen Feuerkraft offenbar war, schlugen die echten Luftlandetruppen zu und eroberten Port Said.

Diese List kommt in der Praxis der „Versuchsballons" in Diplomatie und Politik häufig zur Anwendung. Als Henry Kissinger Außenminister unter Richard Nixon war, bediente er sich dieser Technik meisterlich: Erst schüchterte er die Journalisten ein, bis sie seine Identität hinter dem Etikett „ein führender Beamter" verbargen, und dann ließ er Informationen über seine eigenen Aktivitäten durchsickern, für die er nicht verantwortlich gemacht wurde.

In der Wirtschaft ist es in der Anfangsphase von Verhandlungen praktisch, das Gras zu schlagen, um die Schlange aufzuscheuchen. Es kann die Form aufmerksamen Zuhörens und Nachfragens sowie guter Methoden zur Auslotung der Interessen und Absichten der anderen Seite annehmen. Eine andere Art, in der Wirtschaft das Gras zu schlagen, beinhaltet, der Konkurrenz mit der Ankündigung eines neuen Produkts zuvorzukommen, so daß sie vor Schreck Einzelheiten über ihre Konkurrenzprodukte preisgibt, bevor sie wirklich soweit ist – dadurch bekommt man eine genauere Vorstellung davon, wogegen man antritt, wenn man seine Marketingstrategie entwickelt.

Marktforschung und Testmarketing sind eine Methode, das Gras zu schlagen; das Ziel ist, die Reaktion der Verbraucher auf neue Produkte oder Dienstleistungen zu prüfen. Und manchmal versuchen Firmen es mit Scheinmanövern, um die Konkurrenz zu einer Reaktion zu provozieren, die ihre Marketingstrategien oder technologischen Fortschritte verrät.

Journalisten schlagen oft das Gras, um die Schlange aufzuscheuchen. Die Skandalreporterin Jessica Mitford empfiehlt, ein Interview mit einem „unfreundlichen Zeugen" mit leichten Fragen zu beginnen, um ihn in Gesprächsstimmung zu bringen, damit er mehr ausplaudert. Der Zeitschriftenjournalist Ramsey Flynn versucht bei seinen Recherchen, seine Informanten psychologisch in die Enge zu treiben, indem er sie wissen läßt, mit wem er außerdem noch gesprochen hat; dadurch glauben sie, er wisse mehr, als er tatsächlich weiß, und sind eher gewillt, mehr Information preiszugeben. Der Reporter Robert Scheer hatte in seinem berühmten Interview mit Jimmy Carter nicht beabsichtigt, die Frage des Ehebruchs auszuleuchten – da gestand Carter nach der Sitzung von sich aus, er habe andere Frauen als seine eigene fleischlich begehrt.

Eine Variante der List, auf das Gras zu schlagen, ist das Hinauszögern, so daß die Schlange nicht aufgescheucht wird. Diese Technik müssen Ordnungshüter anwenden, wenn sie die

Aktivitäten des Verdächtigen verfolgen; statt ihn gleich zu stellen, sammeln sie mehr und mehr Beweismaterial, das vor Gericht gegen ihn verwendet werden kann. Ähnlich kann auch ein Journalist, der einem politischen Skandal auf der Spur ist, die Befragung der Hauptakteure vertagen, bis sie so viele Verstöße begangen haben, daß seine Story hieb- und stichfest ist. Die List, das Gras zu schlagen, um die Schlange aufzuscheuchen, bedeutet, daß man manchmal ein Problem bewältigen kann, indem man ein anderes in Angriff nimmt. Wenn ein Teenager schlecht in der Schule ist, kann es fruchtlos sein, ihn bei seinen Gewohnheiten in puncto Hausaufgaben zu packen; bemüht man sich hingegen, das Selbstwertgefühl des Kindes durch Beratung zu heben, so kann dies bessere schulische Leistungen zur Folge haben. Das Gras schlagen, um die Schlange aufzuscheuchen, bedeutet auch, daß man aus indirekten Zeichen viel über Menschen erfahren kann. Der beste Treuebeweis eines Liebhabers oder einer Geliebten sind zum Beispiel nicht die direkten Beteuerungen, sondern ob er oder sie in einer Krise zu Ihnen hält.

*Wenn du nicht den richtigen Titel hast, wird man nicht auf dich hören; und wenn man nicht auf dich hört, werden deine Befehle nicht ausgeführt.*

*(Konfuzius)*

## LIST
# 14  借尸还魂

*Jie shi huan hun*

**Erwecke eine Leiche von den Toten**

Diese Strategie rät dazu, andere für sich einzuspannen. Im Buch der Wandlungen ist sie in Hexagramm 4 reflektiert, das Unwissen bedeutet; es suggeriert, daß man Menschen kontrollieren kann, denen es an Fähigkeit, Intelligenz oder Wissen fehlt, um sich der Manipulation zu widersetzen.

Eine Leiche von den Toten erwecken ist eine List, die auf die Endphase der Östlichen Han-Dynastie (25–220 n. Chr.) zurückgeht. Nach dem Tod des Kaisers Lingdi gab es blutige Kämpfe, bis schließlich der Sohn einer Konkubine des Verstorbenen auf den Thron gelangte. Weil der neue Kaiser Shaodi noch ein Teenager war, übernahm sein Onkel He Jin die Staatsgeschäfte. Als zehn mächtige Eunuchen das Gerücht verbreiteten, He Jin habe während des Kampfes um die Thronfolge die Kaiserinwitwe ermordet, beschloß er, sich ihrer zu entledigen, und rief einen lokalen Machthaber namens Dong Zhuo in die Hauptstadt, um ihm zu helfen. Doch bevor Dong Zhuo in der Hauptstadt Luoyang eintraf, hatten die Eunuchen He Jin in eine Falle gelockt und getötet.

Dong Zhuo sah die einmalige Chance, einer untergehenden Dynastie die Macht zu entwinden. Zuerst befahl er, jeden bartlosen, männlichen Nichtadeligen in der Hauptstadt hinzurichten. Wenig später setzte er Kaiser Shaodi ab, setzte einen neunjährigen Prinzen als Marionettenkaiser Xiandi auf den Thron und ließ sich selbst zum Premierminister ernennen. Oft erschien er mit seinem Schwert bei Hofe, richtete ihm untergebene Beamte nach Belieben hin, und bald war er wegen seiner Willkür und Blutgier verhaßt.

Der berühmte Cao Cao von den Drei Reichen (vgl. List 3) war damals ein aufstrebender Offizier; er versuchte, Dong Zhuo zu ermorden, doch der Versuch schlug fehl, und er mußte fliehen. Danach half Cao Cao, einen Feldzug gegen Dong Zhuo zu organisieren; Dong Zhuo tötete daraufhin den abgesetzten Kaiser und zwang den neuen Kaiser, die Hauptstadt von Luoyang nach Changan zu verlegen (dem heutigen Xiang). Dann meuterte ein Teil von Dong Zhuos Generälen und nahm Xiandi als Geisel. Sie begannen, einander zu bekämpfen, und entführten den Kaiser von einem zum anderen. Endlich rief Xiandi Cao Cao zu Hilfe; dieser kam mit 50 000 Mann, besiegte die meuternden Generäle und geleitete Xiandi zurück nach Luoyang.

Später verlegte Cao Cao die Hauptstadt wieder, zwang den Kaiser, ihn zum Premierminister zu ernennen, und konsolidierte seine Macht in Nordchina. Cao Caos Traum, China wieder zu einen und selbst Kaiser zu werden, erfüllte sich jedoch nie. Liu Bei, ein anderer Kriegsherr, vereitelte seinen Vorstoß nach Süden und brachte Südwestchina in seine Gewalt. So begann die berühmte Periode der Drei Reiche.

Die Mär von der Östlichen Han-Dynastie veranschaulicht, wie ehrgeizige Beamte immer wieder kindliche Kaiser für ihre Zwecke manipulierten. Sowohl He Jin als auch die Eunuchen wollten Shaodi benutzen. Dong Zhuo, die Generäle und Cao Cao behandelten Xiandi wie eine Leiche, die sie von den Toten erwecken konnten, und benutzten den Status des jungen Monarchen, um ihre eigenen Vorstellungen durchzusetzen.

Die gleiche List zeigt sich in der japanischen Besetzung Nordostchinas in den 1930er Jahren: Japan exhumierte den noch lebenden Leichnam des letzten chinesischen Kaisers Pu Yi, um als nominelles Haupt des Marionettenregimes in Mandschukuo zu dienen. Pu Yi war der letzte Erbe der letzten Kaiserdynastie Qing, die Jahrzehnte zuvor gestürzt worden war.

Die Regierung der USA wird manchmal dafür kritisiert, daß sie Machthaber der Dritten Welt dazu benutzt, ihre eigenen Interessen weltweit abzusichern – der Schah von Persien war eine notorische Leiche, obwohl er noch lebte, und andere haben Anastasio Somoza von Nicaragua und Ferdinand Marcos von den Philippinen zur gleichen Kategorie gerechnet. Die Sowjetunion unterstützte ein Marionettenregime in Afghanistan, und Vietnam hatte sein abhängiges Regime in Kambodscha.

In der Werbung kann man Leichen erwecken, indem man den Ruf eines Produkts nutzt, um den Status eines anderen zu heben. Ein Beispiel ist die Positionierung von Jugoslawiens preiswertem Kompaktauto Yugo. Dieses Auto wurde durch eine Assoziation mit dem VW-Käfer als nicht nur preiswert und sparsam, sondern auch als zuverlässig präsentiert. In einem Fernsehspot hieß es, der Rücktritt des geliebten Käfers habe „eine Leere in den Herzen Amerikas hinterlassen". Diese Nostalgie nach den „einfachen Dingen" war gegen Ende der 1980er Jahre Tenor etlicher Werbekampagnen aus der Madison Avenue – für so unterschiedliche Produkte wie Zeitschriften und Whisky.

Die Wiederbelebung alter Lieblinge zeigt sich auch an Gillettes kürzlicher Einführung eines neuen, stabilen Naßrasierers, nachdem ein Jahrzehnt lang Wegwerfrasierer aus Plastik das

Höchste waren. Das Problem bei Wegwerfrasierern ist, daß sie teuer in der Herstellung sind und wenig Gewinn einbringen. Das Phänomen, daß Leichen von den Toten erweckt werden, findet sich oft in der inoffiziellen kulturellen Folklore von Unternehmen. Unternehmenskultur wird zum Teil durch halblegendäre Geschichten über die bahnbrechenden Aktivitäten der Gründer und anderer Größen definiert. Apple Computer gehört heute zum Computer-Establishment, aber seine Identität ist geprägt von Erzählungen über die wilden, verrückten Genies, die in einer Garage anfingen, und über die ungebärdige, halbautonome Mannschaft von „Piraten'', die den Mackintosh entwarfen.

Obwohl es uns selten bewußt wird, erwecken wir in unserer Wahl von Freunden und Partnern oft Leichen wieder zum Leben. Enge Beziehungen beruhen oft auf Ersatzfunktionen – darauf, wie gut eine „wichtige Bezugsperson'' die Rolle des vertrauten Bruders oder der Schwester erfüllt, von Mama, Papa oder allen zusammen. Diese Tendenz kann pathologisch werden, besonders wenn sie einseitig ist. Dies ist zum Beispiel der Fall, wenn ein Partner für alles die Verantwortung trägt, während der andere sich vor ihr drückt, wie in einem Eltern-Kind-Verhältnis. Werden die Rollen jedoch geteilt und getauscht, so daß jeder unterstützend oder abhängig, zart oder hart sein kann, wenn die Umstände es verlangen, so kann dies die Partnerschaft nur fördern.

*Gute Gelegenheiten sind nicht so*
*wichtig wie günstiges Gelände*
*(Mencius)*

**LIST**

# 15 临⼁过海

*Diao hu li shan*

**Lock den Tiger aus den Bergen**

Statt sich in gefährliches und unbekanntes Gelände zu stürzen, um einen Feind zu erreichen, sollte man ihn lieber dazu bringen, zum Kampf herauszukommen. Den Tiger aus den Bergen locken heißt den Feind aus seinem für ihn günstigen, natürlichen Umfeld herauslocken, um ihn verwundbarer zu machen. Diese Idee ist im Buch der Wandlungen in Hexagramm 39 dargestellt, das Versperren bedeutet und die Elemente von Ebenen und Bergen enthält – die einen sind leicht zu durchqueren, die anderen nur mit Schwierigkeiten zu überwinden.

Diese List erfordert die Berücksichtigung der Geographie. Der
Militärstratege Zhuge Liang aus der Zeit der Drei Reiche identifizierte sie als einen von drei Hauptfaktoren für einen Sieg
im Krieg (die anderen beiden waren Gelegenheit und Unterstützung im Volk), und Sun Zi nannte sie als einen von fünf
Faktoren (neben Klima, Feldherren, Disziplin und Unterstützung im Volk). Außerdem erfordert diese List, die Natur der
Bestie zu berücksichtigen – Tiger kommen zum Beispiel im
Gebirge gut zurecht, sind aber im Wasser im Nachteil, während ein menschenfressender Hai, der im Meer Unheil anrich-
tet, an Land wenig Schaden bewirken kann.

In der frühen Östlichen Han-Periode besiegte der Feldherr
Gen Yan mit dieser List zwei Brüder, die separatistische Kräfte
anführten, Fei Yi und Fei Gan. Yan ließ seine Truppen eine
Stadt umzingeln, die Fei Gan hielt, und befahl ihnen, offen
Vorbereitungen für einen Angriff zu treffen. Während sie
Bäume fällten, um den Graben um die Stadtmauer aufzufül-
len, versteckten sich Gen Yans beste Truppen in den Hügeln.
Als Fei Yi mit Verstärkung vorbeikam, um seinen Bruder zu
verteidigen, griff Gen Yan ihn überraschend an. Fei Yi fiel,
und sein Kopf wurde Fei Gan auf einer Stange gebracht. Fei
Yis Männer waren in ihrer Moral erschüttert, viele desertier-
ten, und Fei Gan floh aus der Stadt.

Eine Erweiterung der List, den Tiger aus den Bergen zu
locken, ist, ihn in Ihre Berge zu locken, wo er noch mehr im
Nachteil ist. In der amerikanischen Revolution konnten die
britischen Soldaten, die es gewöhnt waren, auf flachem, offe-
nem Gelände in konventioneller Schlachtordnung zu kämpfen, es nicht mit den kolonialen „Minutemen" aufnehmen,
die hinter Bäumen versteckt auf sie feuerten. Mao Zedongs
Guerillas hatten ihre Basisgebiete immer in abgelegenem,
schwer zugänglichem Berggelände, das sie gut kannten; dort
waren Chiang Kai-sheks Kräfte trotz ihrer großen Überlegenheit an Truppenstärke und Ausrüstung hilflos.

In der internationalen Diplomatie gewinnt das Staatsober-
haupt die meisten Punkte, das andere Staatsoberhäupter dazu

bewegen kann, zu ihm zu kommen. Die ausgewogensten Gipfeltreffen sind diejenigen, die auf neutralem Boden stattfin-
den. Richard Nixons Chinareise 1972 war zwar ein Höhepunkt
in seiner politischen Karriere, doch sie brachte ihn gegenüber
Mao Zedong in eine leicht untergeordnete Stellung. Deng
Xiaoping sammelte weitere Punkte, als Michail Gorbatschow
bereit war, im Mai 1989 nach Peking zu kommen – allerdings
wurde der Empfang zu Dengs Leidwesen durch die massiven
Demonstrationen auf dem Platz des Himmlischen Friedens in
den Hintergrund gedrängt.

Eine weitverbreitete Taktik bei politischen Kampagnen besteht
darin, das Territorium zu meiden, wo der Gegner stark ist,
und ihn dorthin zu locken, wo er auf schwankendem Boden
steht. Im Präsidentschaftswahlkampf von 1988 mied George
Bush Minenfelder wie das Haushaltsdefizit und den Iran-
Contra-Skandal, bei denen Michael Dukakis Punkte sammeln
konnte, und versuchte statt dessen, Dukakis bei heißen Themen
wie Kriminalität, Abtreibung und dergleichen anzugreifen.

Politiker können ihre Macht konsolidieren, indem sie andere
in schwierige Positionen locken. Viele westliche Beobachter
staunten, daß Gorbatschow, gerade als er mit Streiks und Na-
tionalitätenkonflikten belastet war, im Herbst 1989 eine Säu-
berung des Politbüros von Konservativen veranstaltete. Gorbatschow hatte seine Rivalen isoliert, indem er ihnen gefährlich unpopuläre Aufgaben übertrug. Viktor Chebrikow, einstiger KGB-Chef und für die Sicherheit verantwortlich, bekam
die Schuld für den steilen Anstieg der Kriminalität im Land
und für die Entscheidung, in Tiflis mit Militär gegen die De-
monstranten vorzugehen, während Gorbatschow auf einer
Reise nach Kuba und England war. Viktor Nikonow war zusammen mit Jegor Ligatschow für die Landwirtschaft mit ihren Problemen zuständig gewesen. Ligatschow galt als Gorbatschows wichtigster Widersacher, der nun noch im Politbü-
ro war – und als außerordentlich verwundbar, weil er die
Schuld für schlechte Ernten und Nahrungsmittelknappheit
nun allein tragen mußte.

Die List, den Tiger aus den Bergen zu locken, geht davon aus, daß die Menschen in ihrer eigenen Umgebung am arrogantesten und sichersten sind und daß sie weniger Widerstand gegen irgendwelche Anliegen leisten, wenn man sie an einen anderen Ort einlädt. So kann es sein, daß Sie mehr erreichen, wenn Sie Ihren Chef oder Ihre Chefin zum Mittagessen ausführen, um eine Beförderung zu besprechen, als wenn Sie sich einen Termin in seinem oder ihrem Büro geben lassen. Wenn Sie jemanden beeindrucken wollen, gehen Sie mit ihm an einen besonderen Ort, den Sie gut kennen. Und Sie können die Romantik wunderbar wiederbeleben, wenn Sie Ihren Ehepartner ausführen und mit ihm oder ihr in ein dunkles Kino gehen.

*Um etwas zu ergreifen, muß man*
*ihm erst viel geben.*
*(Lao Zi, Der Weg der Macht)*

## LIST

# 16 敌擒故纵

*Yu qin gu zong*

**Fange den Feind, indem du ihn**
**vom Haken läßt**

Die List, den Feind zu fangen, indem man ihn vom Haken
läßt, wird eingesetzt, um Blutvergießen zu verhindern. Einen
starken Feind entkommen zu lassen, funktioniert oft besser als
der Versuch, ihn in die Ecke zu treiben und einen verzweifelten
Kampf zu provozieren.

Diese Vorgehensweise ist im Buch der Wandlungen im Hexagramm 5 dargestellt, das den Begriff des Wartens ausdrückt
und dazu rät, in der Gefahr nicht zuzuschlagen, bis der Erfolg
gesichert ist.

Der berühmteste Praktiker dieser List ist Zhuge Liang, der
hochgeehrte Premierminister und brillante Militärplaner des
Königreichs Shu in der Periode der Drei Reiche.

Zhuge Liang war ein Meister der psychologischen Kriegführung. Zu keiner Zeit wurde seine Geschicklichkeit deutlicher als in der Zeit nach dem tragischen Tod des Kaisers von Shu, dem Selbstmord der Kaiserin und der Thronbesteigung ihres jungen, unerfahrenen Sohnes. Um die Regierung von Shu in dieser schwierigen Übergangszeit zu konsolidieren, ließ Zhuge Liang einen Feind vom Haken – nicht einmal, sondern siebenmal.

Viele lokale Machthaber und Stammesfürsten im Südwesten von Shu hatten nach dem Tod des Kaisers rebelliert. Zhuge Liang hatte alle aufständischen Regionen zurückerobert, außer einer. Der letzte Rebellenführer war Meng Huo, ein mutiger Häuptling mit großer Anhängerschaft in der heutigen Provinz Yunnan. Zhuge Liang begriff, daß bloße Gewalt gegen einen so beliebten Führer fruchtlos sein würde; er mußte statt dessen Meng Huos Loyalität gewinnen.

Die nun folgende Serie von Gefangennahmen und Freilassungen bewies, daß Zhuge Liang die Geduld eines Heiligen hatte. Zum erstenmal wurde Meng Huo in einem Hinterhalt gefangengenommen. Der Gefangene blieb trotzig, und Zhuge Liang ließ ihn frei. Dann fesselten Meng Huos eigene Generäle ihren Führer, als er betrunken war, weil seine Undankbarkeit sie ärgerte, und lieferten ihn persönlich bei Zhuge Liang ab. Wieder ließ Liang Meng Huo gehen.

Bei der dritten Begegnung schickte Meng Huo seinen Bruder mit Geschenken zu Zhuge Liang und griff dann bei Nacht an. Er fand nur seinen Bruder, der sinnlos betrunken in dem leeren Lager herumtorkelte. Als Zhuge Liangs Truppen aus ihren Verstecken hervorstürzten, floh Meng Huo zu einem nahegelegenen Fluß, wo verkleidete Shu-Soldaten ihn fesselten, als er in ein Boot stieg. Wieder ließ Zhuge Liang ihn frei.

Bei der vierten Konfrontation versammelte Meng Huo eine Armee von über 100000 Mann aus anderen Stämmen. Die Truppen von Shu zogen sich über den Fluß zurück, und Meng Huos Leute setzten ihnen nach, machten aber halt, um eine Brücke wieder aufzubauen. Unterdessen bauten die Shu-

Soldaten flußabwärts eine neue Brücke, kamen über den Fluß
zurück und griffen die Aufständischen von hinten an. Meng
Huo landete zu Zhuge Liangs Füßen in einer Grube, aber dieser ließ ihn erneut frei.
Ein anderer Häuptling, der Zhuge Liang loyal war, lieferte
ihm Meng Huo aus. Zhuge Liang ließ ihn zum fünftenmal
frei.
Nach einer Reihe weiterer Schlachten lieferte Meng Huos
Schwager ihn zum Schein aus. Als Zhuge Liang ihre versteckten Waffen fand, züchtigte er Meng Huo für seine Hinterlist
und ließ ihn zum sechstenmal gehen.
Und wieder wurde Meng Huo gefangengenommen, nachdem
er Truppen zu Hilfe geeilt war, die in einem langen, engen Tal
in der Falle saßen. Als man ihm zum siebtenmal die Freiheit
anbot, brach er schließlich zusammen und gelobte dem Königs-
reich Shu Treue.
In einer anderen Erzählung über die Freilassung eines Feindes,
um ihn zu fangen, verlangte der Graf Zhi Bo Land von dem
Adligen Wei Huan Zi. Wei Huan Zi beschwerte sich bei einem
Freund, doch dieser riet ihm zum Entgegenkommen und sagte: ,,Der Graf ist unersättlich in seiner Gier. Wenn du ihm
Land gibst, so wird seine Gier wachsen. Er wird andere Adlige
erpressen, ihm mehr Land zu geben. Dann werden sich die
Adligen gegen ihn zusammentun." Wei Huan Zi befolgte diesen Rat, und tatsächlich wuchs die Gier des Grafen immer
weiter, die anderen Adligen besiegten ihn mit vereinten Kräf-
ten, und sie teilten sein Land untereinander auf. Wei Huan Zi
bekam nicht nur zurück, was er verloren hatte, sondern gewann noch mehr dazu; sein Lehen wurde zu einer der sieben
Mächte der Kriegführenden Staaten.
Die List, den Feind zu fangen, indem man ihn freiläßt, beruht
auf der Yin-Yang-Beziehung zwischen Geben und Nehmen.
Ihr Erfolg hat auch mit dem Prinzip zu tun, daß man den
Feind nie zu sehr in die Enge treiben soll. In der Kunst des
Krieges bemerkt Sun Zi, daß ein Feind, dem jeder Ausweg ab-
geschnitten ist, wild kämpft; deshalb sollte jede Umzingelung

eine Lücke lassen, damit der Feind sich nicht entschließt, bis
zum Tode zu kämpfen. Auch Experten für Kindererziehung
raten dazu, dem Kind einen Ausweg zu lassen, wenn man es
diszipliniert; sonst wird der Sprößling völlig unzugänglich.
Im sogenannten Xian-Zwischenfall von 1936, mitten in Chinas Abwehrkampf gegen Japan, setzte Mao Zedong diese
Strategie gegen seinen größten inneren Feind ein. Chiang Kai-
shek war von zwei seiner eigenen Generäle gefangengenommen worden, die ihn zwingen wollten, seine kommunistischen
Rivalen in Ruhe zu lassen und sich statt dessen auf die Vertreibung der Japaner zu konzentrieren. Mao sah, daß es nicht im
Interesse der nationalen Einheit gegen Japan war, wenn
Chiang getötet wurde, und entsandte Chou Enlai, um eine Politik der Einheitsfront auszuhandeln, die Chiangs Freilassung
ermöglichte – er vertraute darauf, daß er reichlich Zeit haben
würde, mit Chiang fertig zu werden, wenn die Japaner einmal
besiegt waren.
Als die Japaner kapituliert hatten, ging der Bürgerkrieg weiter. Wieder gab Mao Chiang aus strategischen Gründen nach:
Als Chiangs Armee das kommunistische Basisgebiet Yanan
angriff, gaben die Kommunisten es einfach auf. „Geben, um
zu nehmen", nannte Mao es. Innerhalb weniger Jahre hatte
Mao das ganze Land genommen.
Manchmal läßt man den Feind gehen, um ihn später zu fangen. Manchmal ist das Gehenlassen und das Fangen auch ein
und dieselbe Handlung. Scheinbare Kapitulation ist tatsächlich der Sieg. Damit dies geschieht, muß man die psychologische Grundlage dazu schaffen und die Zielperson der Strategie dazu bringen, der Kapitulation einen Wert beizumessen.
Diese Methode steckt dahinter, wenn jemand sich in einer Liebesbeziehung rar macht.
Für Sun Microsystems' Art, ein Imperium aufzubauen, ist die
List, den Feind vom Haken zu lassen, von ganz zentraler Bedeutung: Statt Patentrechte zu schützen, tut Amerikas größter
Hersteller von Computer-Workstations sein Bestes, um sie zu
verbreiten. Suns pragmatischer Manager Scott McNealy geht

von der Annahme aus, daß in der Computerindustrie nur die
Großen überleben werden, und das Wachstum seines Unternehmens hängt von der Bereitschaft der Softwarefirmen ab,
Programme für seine Rechner zu schreiben. Deshalb lädt Sun
alle ein, seine Technologie zu kaufen, von AT&T bis zur ganzen japanischen Nation. Fast jeder kann eine Lizenz für Suns
Grundsoftware und den superschnellen Mikroprozessor bekommen, der das Hirn seiner Flaggschiff-Workstation ist.
Wenn genug Hersteller Sun-Klone bauen, denkt McNealy,
werden die Softwarehäuser dies zur Kenntnis nehmen müssen,
und die Programme, die sie schreiben, werden Suns Rechner
schließlich zum Standard der Branche machen.

Bis auf den heutigen Tag staunen die Leute noch über den öffentlichen Aufschrei, als Coca Cola seine Formel änderte, um
in der Süße mit Pepsi gleichzuziehen, und dann die Rückkehr
der Classic Coke, von den Verbrauchern mit fast orgiastischer
Freude begrüßt. Das Unternehmen belebte seinen alten Markt
neu und erweiterte gleichzeitig seine Produktpalette – und
wenn Coca Cola auch behauptet, der ganze Wirbel sei uner-
wartet gewesen, so sieht es dennoch aus wie ein klassischer
Fall des Nachgebens, um die Verbraucher zu fangen. Innerhalb von drei Monaten nach der Wiederbelebung der alten
Formel berichtete das Unternehmen, daß der Absatz seiner
drei zuckerhaltigen Colas (einschließlich Cherry Coke) um
10% höher lag als im Vorjahr.

Ähnlich wie die Coke-Geschichte ist das Comeback des „Ban-
quet Beer"-Etiketts auf Bier von Coors. Als die Miller Brewing
Company mit einer Werbekampagne Erfolg hatte, die ihr Faß-
bier herausstellte, änderte die Adolph Coors Company den Un-
tertitel ihres Biers in „Original draft"; daraufhin beschwerten
sich viele loyale Coors-Trinker. So führte die Brauerei in den
Coors-Hochburgen El Paso und Südkalifornien neben dem
neuen Etikett das ursprüngliche wieder ein. So machte sie ihren
Frieden mit den alten Abnehmern und gewann trotzdem neue.

Ende 1988 errang der französische Pharmahersteller Groupe
Roussel Uclaf mit zwei Kapitulationen einen Sieg. Firmen-

sprecher beharren darauf, dies sei Zufall gewesen, aber sie hätten es kaum besser planen können. Das Unternehmen hatte gerade seine Abtreibungspille RU 486 auf den Markt gebracht, zum Entzücken der Gesundheitsfürsorger und Familienplaner und zum Entsetzen der Abtreibungsgegner. Das Absatzpotential war großartig – China, das volkreichste Land der Welt, hatte den Einsatz des Mittels bereits genehmigt. Doch der Mehrheitsaktionär, ein deutscher Chemieriese, bekam wegen der Boykottandrohungen gegen seine amerikanische Tochterfirma kalte Füße. Uclaf gab dem Druck nach und gab bekannt, das Mittel werde vom Markt genommen.

Die Verlautbarung fiel mit einer Konferenz des Weltkongresses für Gynäkologie und Geburtshilfe in Rio de Janeiro zusammen, wo die Ärzte RU 486 als großen Durchbruch begrüßten. Seine Rücknahme wurde laut hörbar bedauert. Die französische Regierung intervenierte und wies Uclaf an, seine Entscheidung rückgängig zu machen. Die Firma war die moralische Last los, gab ein weiteres Mal nach und verkaufte das Mittel wieder.

*Das Königreich Jin wollte das Königreich Chouyou angreifen, doch es gab keine direkte Straße. So goß Jin eine große Bronzeglocke als Geschenk für Chouyou. Chouyou baute eine Straße, um das Geschenk von Jin zu transportieren, und dann kamen Truppen von Jin über die Straße und eroberten Chouyou.*

*(Chinesische Erzählung)*

**LIST**

# 17

*Pao zhuan yin yu*

**Wirf einen Ziegel, um Jade anzulocken**

Einen Ziegel werfen, um Jade anzulocken, bedeutet den Gegner mit etwas Minderem ködern, um eine größere Gegenleistung zu bekommen. Das Prinzip ist einfach: Einen großen Fisch fängt man nicht ohne Köder. Aber welche Art Köder man verwendet und wie man ihn auslegt, ist komplexer. Ob er eine „mit Zucker überzogene Kugel" oder ein Trojanisches Pferd ist: Er muß dem Feind attraktiv oder wertvoll vorkommen.

Im Jahr 700 v. Chr. überwältigte das Königreich Chu mit dieser List das Königreich Jiao. Nachdem Chus Truppen erfolg-

los versucht hatten, Jiaos Hauptstadt anzugreifen, zog Chu
sich zurück. Ein paar Tage später erschien vor dem Südtor der
Hauptstadt eine große Gruppe von Holzfällern, die Feuerholz
für das Chu-Lager holten. Sie fällten viele schöne Bäume und
trugen sie fort. Die Feldherren der Armee von Jiao waren erzürnt und befahlen ihren Soldaten, sie zu verfolgen. Über
dreißig Holzfäller wurden gefangen, und ihre Fänger wurden
belohnt.

Als am nächsten Tag eine andere Gruppe von Holzfällern
kam, stürzten alle Jiao-Soldaten in ihrer Gier nach mehr Belohnungen aus der Stadt, ohne auch nur auf einen Befehl zu
warten. Da stürmten Chu-Truppen, die sich in den Hügeln an
der anderen Seite der Stadt versteckt hatten, das Nordtor. Die
Truppen von Jiao wurden besiegt, und sein König mußte einen
demütigenden Friedensvertrag unterzeichnen. (Diese Bege-
benheit illustriert nicht nur die List, sondern sie hat das reiche
chinesische Vokabular auch um ein weiteres Idiom erweitert –
„Einen Vertrag mit einem Feind schließen, der schon an der
Stadtmauer ist" heißt sich in das Unvermeidliche fügen.)
Einen Ziegel werfen, um Jade anzulocken, ist eine Methode,
Geheimnisse, die man ahnt, zutage zu fördern. Nach der
Bombardierung von Pearl Harbor glaubte der US-
Geheimdienst, den Codenamen für Midway Islands aus abge-
fangenen japanischen Telegrammen entschlüsselt zu haben.
Um ganz sicher zu sein, warfen die Amerikaner einen Ziegel
in Gestalt eines Telegramms, das von einer Wasserknappheit
auf der Insel berichtete. Kurz darauf erschien diese Nachricht
in japanischen Mitteilungen. Die Bestätigung des Codena-
mens ermöglichte es den USA, einen japanischen Angriff auf
die Insel vorherzusehen und abzuwehren.
So mancher Spion ist der List zum Opfer gefallen, einen Ziegel zu werfen, um Jade anzulocken. In den 1970er Jahren ent-
deckten die Chinesen, daß ein chinesischer Bürger namens Li
für die Sowjets spionierte. Li erklärte sich bereit, als Gegenleistung für milde Behandlung mit dem chinesischen Geheimdienst zusammenzuarbeiten. Ohne zu verraten, daß sie Li ge-

schnappt hatten, ließen die Chinesen ihn auf seine gewohnte
Weise mit der sowjetischen Botschaft in Peking Kontakt auf-
nehmen und eine Übergabe von Informationen vereinbaren.
Als drei sowjetische Beamte am Treffpunkt am nordöstlichen
Stadtrand Pekings eintrafen, kamen Tausende von chinesi-
schen Milizionären aus ihren Verstecken in den nahegelegenen
Feldern und umzingelten sie. Am nächsten Tag wurden die so-
wjetischen Spione ausgewiesen.

Einen Ziegel zu werfen, ist immer ein Täuschungsmanöver,
aber es wird manchmal aus edlen Motiven getan. Der Dichter
Chang Jian, der in der Tang-Dynastie lebte, war ein großer Be-
wunderer seines berühmten Zeitgenossen, des Dichters Zhao
Gu. Als er erfuhr, daß Zhao Gu nach Suzhou kommen würde,
ging er zum Lingyan-Tempel dieses Ortes und schrieb zwei Verse an die Wand. Als Zhao Gu kam und das unvollendete Werk
sah – selbst das einfachste Gedicht erforderte vier Zeilen –,
fühlte er sich gezwungen, zwei noch wunderbarer geschriebe-
ne Verse hinzuzufügen. Dieses Gedicht ist noch heute berühmt.

Amerikas Fast Food-Branche hat in den letzten paar Jahren
entdeckt, wie man Ziegel wirft, als sie Kinderteller einführte.
Was Ihre Kleinen zu Wendy's lockt, ist nicht das Essen, sondern der Dinosaurier, der zusammen mit dem Hamburger und
den Pommes frites in der Schachtel steckt. Jeder Werbegag,
der ein Unternehmen wenig kostet, aber die Verbraucher dazu
bringt, in die Tasche zu greifen, ist ein Ziegel, der Jade an-
lockt.

Moderne Manager, die erreichen wollen, daß ihre Mitarbeiter
motiviert, engagiert und zufrieden sind, müssen die ganze Pa-
lette menschlicher Bedürfnisse in Betracht ziehen, insbesonde-
re höhere Bedürfnisse nach Sicherheit, sozialer Interaktion,
Selbstachtung und Selbstverwirklichung. Viele der erfolgreichsten amerikanischen Unternehmen zielen auf diese höhe-
ren Bedürfnisse, wenn sie ihre Ziegel werfen. Charles Wang
von Computer Associates International bietet seinen Mitarbeitern ein Gratisfrühstück und läßt an heißen Tagen einen

Wagen durch das Hauptquartier rollen, der Eiscreme bringt.
Hewlett Packard feiert jeden Monat eine Geburtstagsparty für
Angestellte, die in diesem Monat geboren sind. Anerkennung,
Achtung und die Möglichkeit, sich einer Gruppe zugehörig zu
fühlen, fördern die Loyalität und die Produktivität.

Eine Variante vom Werfen eines Ziegels, um Jade anzuziehen,
ist die Technik, die bei Sozialpsychologen „der Fuß in der
Tür" heißt – auf Chinesisch heißt das „einen Meter nehmen,
wenn man einen Zentimeter bekommen hat". Man beginnt
mit einer kleinen Bitte, um später größere Bitten erfüllt zu bekommen. Diese Technik beruht auf der Theorie, daß Menschen größere Bitten eher erfüllen, wenn sie Zwischenstufen
bereits zugestimmt haben. Wenn Ihr Sohn Sie bittet, ihm beim
Zubettgehen fünf Geschichten zu erzählen, lehnen Sie wahrscheinlich ab – will er aber nach einer Geschichte „nur noch
eine" hören, erzählen Sie ihm vielleicht am Ende fünf.

In der Preispolitik bringen Firmen die Verbraucher mit dieser
List dazu, eine kleine, feste Investition zu machen, der dann
eine größere, variable Investition folgt. Polaroid setzt den
Preis für seine Sofortbildkameras so niedrig, daß die Verbraucher sie kaufen, ohne an die Kosten für die Filme zu denken.
Wenn den Käufern klar wird, daß jede Zehnerpackung Film
halb soviel kostet wie die Kamera, ist es zu spät; und sie kaufen die Filme weiter, um den ursprünglichen Kauf zu rechtfertigen.

Es ist auch lukrativ, die Kunden zu großen Anfangsinvestitio-
nen zu verlocken, auf die nicht eben geringe Zusatzinvestitio-
nen folgen. So eskalieren die Kosten für ein neues Coupé
leicht von 15000 Dollar auf 18000 Dollar, wenn noch eine Ste-
reoanlage, Klimaanlage, Servolenkung, Servobremsen, ein
Sonnendach usw. hinzukommen. Der Käufer mag glücklich
über seine Neuerwerbung sein, aber ganz gewiß fühlt sich der
Verkäufer noch besser. Fords Mustang war nicht nur ein
Durchbruch in Design und Technik, sondern aufgrund dieses
Phänomens auch ein sofortiger finanzieller Erfolg: Er wurde
als sportlicher, aber trotzdem praktischer und sparsamer Wa-

gen herausgestellt, als er 1964 auf den Markt kam, und kostete nur 2368 Dollar. Die Leute kauften ihn nicht nur in Rekordzahlen, sondern brachten auch mit Begeisterung Extras an – von Weißwandreifen über Radios und Automatikgetriebe bis zu Tachometern – und gaben im Durchschnitt je 1 000 Dollar dafür aus!

Unternehmen werfen auch einen Ziegel, um Jade anzulocken, wenn sie Mittel dafür einsetzen, einen fest an sie gebundenen Kundenstamm zu schaffen. Apple Computer ist sehr erfolgreich darin, Studenten und Professoren an seinen Mackintosh zu binden, indem es Hochschulen Anlagen schenkt und Rabatte für Bildungseinrichtungen gewährt.

So großartig müssen Werbegeschenke jedoch nicht immer sein: Einer möglicherweise apokryphen Geschichte zufolge bekam eine japanische Firma von einem chinesischen Betrieb den Auftrag für eine Anlage im Wert von mehreren Millionen Yen, indem sie ein paar Kugelschreiber verschenkte. Es heißt, daß fast 3% des japanischen Bruttosozialprodukts für Geschenke, Bewirtungen und ähnliche Dinge verwendet werden, die als wesentlich fürs Geschäft gelten.

Werbefirmen werfen im Umgang mit der Presse oft Ziegel, um Jade anzulocken. Werbeleute, die mit großen Geschäftsabschlüssen zu tun haben, geben gewöhnlich Informationen selektiv an Reporter weiter, je nach ihrem Eindruck, wie hart oder sanft die Journalisten mit dem jeweiligen Kunden umgehen werden. Als Gegenleistung erwartet die Werbefirma vielleicht künftige Gefälligkeiten – etwa Informationen von wohlunterrichteten Reportern oder einen Artikel über einen anderen Kunden.

Man fragt sich, ob die Geldinstitute nicht einen Ziegel warfen, um Jade anzulocken, als sie Karten für Geldautomaten anboten. Langfristig spart die Automation der Transaktionen den Instituten Zeit und Geld – aber jetzt, wo die Kunden süchtig nach den Karten sind, beginnen einige Banken, saftige Gebühren für sie zu verlangen.

In Familie, Freundschaft und beruflichen Beziehungen erinnert uns diese List daran, daß man mit wenig viel erreichen kann. Den kleinsten Ziegel zu werfen – ein Kompliment, eine Umarmung, ein nützlicher Vorschlag, ein kleiner Beitrag zur täglichen Arbeit, etwa Abwaschen oder Staubsaugen – lockt die Jade der Dankbarkeit, Sympathie und Achtung an. Wenn Sie versuchen, als Angestellter oder Student Erfolg zu haben, können Sie sich vom Rest der Gruppe abheben, wenn Sie sich nur einmal auszeichnen – indem Sie eine Aufgabe lösen, eine schwere Frage beantworten, in einer Prüfung der oder die Beste sind. Studien haben ergeben, daß ein Zeichen Ihrer Kompetenz oder Intelligenz, das Vorgesetzte oder Lehrer wahrnehmen, danach ihren ganzen Umgang mit Ihnen beeinflußt.

Wenn Sie in der Familie Harmonie wahren wollen, sollten Sie jedes Jahr den Ziegel werfen, an Geburtstage zu denken. Angeblich schwindet die Bedeutung von Geburtstagen mit zunehmendem Alter – aber wehe dem Ehepartner, der einen ignoriert! Blumen, ein Abendessen, ein Kinobesuch können Frieden für ein ganzes Jahr einbringen. Dies gilt zunehmend sogar für China, wo Geburtstage traditionell nur mit einer Schale Nudeln begangen werden (einem Symbol für langes Leben). Kindergeburtstage sind noch immer keine großen Anlässe, aber jetzt wird erwartet, daß Kinder an die Geburtstage ihrer Eltern denken, wenn sie älter werden.

*Wähle einen starken,*
*wenn du Bögen benutzt,*
*Nimm die langen,*
*wenn du Pfeile auswählst;*
*Um Menschen zu erschießen,*
*bringe erst ihre Hengste zu Fall,*
*Um Banditen zu schnappen,*
*fange den, der sie führt.*
*(Der Dichter Du Fu*
*aus der Tang-Dynastie)*

LIST

# 18

*Qin zei qin wang*

**Fange den Anführer, um die**
**Banditen zu schnappen**

Hinter dieser List steht die Annahme, daß ein Körper ohne seinen Kopf nicht funktionieren kann. Dieses Prinzip war in einer frühen Form der chinesischen Kriegführung ritualisiert, bevor die Feuerwaffen erfunden waren: Die beiden feindlichen Feldherrn kämpften zu Pferde auf einem freien Platz, während ihre Truppen an den Seiten Aufstellung nahmen und zusahen. Wenn ein Feldherr verlor, flohen seine Truppen, und die anderen setzten ihnen nach, um sie zu töten.

Die List erinnert auch an das allgemeinere Prinzip, daß Kraft zerfällt, wenn verlorengeht, was sie zusammenhält – sei es Organisation, Charisma oder Klebstoff. Wie ein chinesisches Sprichwort sagt: „Wenn der Baum fällt, zerstreuen sich die Affen."

Zhang Xun, ein General der Tang-Dynastie, wurde im Jahr 757 entsandt, um die strategisch wichtige Stadt Suiyang gegen Aufständische zu verteidigen. Er wußte, wie wichtig es ist, den Anführer zu fangen, um die Banditen zu schnappen. Nach zwanzig Tagen Belagerung durch die Rebellen war Suiyang in so verzweifelter Not, daß Zhang Xun seiner Konkubine befahl, Selbstmord zu begehen, und sie dann kochte, um sie seinen Soldaten zu essen zu geben. Schließlich stürmten er und seine Soldaten eines Nachts zu Pferde aus dem Stadttor heraus, töteten über 5000 Rebellen, darunter 50 Offiziere, und stifteten Chaos im Lager der Rebellen. In dem Durcheinander wollte Zhang Xun den Rebellenführer Yin Ziqi töten, doch er wußte nicht, wer und wo er war.

Zhang Xun identifizierte den Rebellenführer auf schlaue Weise: Er befahl seinen Leuten, Wermutzweige als Pfeile zu verwenden. Als die Rebellen diese erbärmliche Munition sahen, schlossen sie, daß Zhang Xun die Pfeile ausgegangen waren. Viele aufständische Soldaten hoben die Zweige auf und rannten zu ihrem Führer, um ihm die gute Nachricht zu bringen, denn sie hofften, dafür belohnt zu werden. So identifizierte Zhang Xun Yin Ziqi, und ein Adjutant schoß ihm einen Pfeil ins linke Auge. Gepeinigt floh Yin Ziqi, und die Belagerung brach zusammen. In den nächsten paar Jahren wurde der ganze Aufstand niedergeschlagen, und die Tang-Dynastie herrschte noch weitere hundertfünfzig Jahre.

Weil Führer so viel Einfluß auf das Verhalten ihrer Untergebenen haben, waren Attentate in der ganzen Geschichte eine Lieblingstaktik bei militärischen und politischen Auseinandersetzungen. Kein Wunder also, daß Chiang Kai-shek von seinen eigenen Generälen entführt wurde, als diese die Kuomintang gegen die Japaner führen wollten. Kein Wunder, daß auf Mao Zedongs Kopf während seines Bürgerkrieges gegen Chiang ein enormer Preis ausgesetzt war. Und kein Wunder, daß die CIA

erwog, Fidel Castro zu ermorden, indem sie seine Zigarre vergiftete oder seine Tauchgründe verminte.
Die Fernsehsender kennen die Macht ihrer Stars. Entsprechend ihrer Fähigkeit, hohe Einschaltquoten zu erreichen, werden Leute wie Dan Rather, Barbara Walters und Connie Chung umworben und hoch bezahlt, denn wie ihr Titel andeutet (in Amerika „anchor", d. h. „Anker"), hängen an ihnen nicht nur einzelne Nachrichtenbeiträge oder -sendungen, sondern ganze Nachrichtenredaktionen.
Wenn kein Führer da ist, können Gegner angreifen oder ihre Verteidigung konsolidieren. Henry Ford wartete, bis Iacocca auf einer Vergnügungsreise mit der Zeitschrift Time im Mittleren Osten war, um seine Position bei Ford zu untergraben. Am Vorabend einer Chinareise erfuhr John Sculley, daß Steve Jobs den Firmenvorstand von Apple bearbeitete, um seine Position als Betriebsleiter zu behalten. Scully, der versucht hatte, Jobs aus dieser Position zu verdrängen, sagte die Reise ab.
Unternehmen ignorieren oft zum eigenen Schaden große Bewegungen der Gegner. Die schlauen haben jedoch entdeckt, daß es möglich ist, Gegner einzubinden, ohne viel aufzugeben. Eine Firma kann Legitimität und Glaubwürdigkeit gewinnen, indem sie Gewerkschaftsführern oder Verbraucherverbänden Gehör schenkt. Als Chrysler 1979 eine staatliche Bürgschaft von mehreren Milliarden Dollar bekam, akzeptierte es gleichzeitig einen Reformplan, der vorsah, dem Gewerkschaftsboß der United Auto Workers, Douglas Fraser, einen Vorstandssitz anzubieten. Dieser Schachzug war entscheidend für die politische Durchsetzung der Bürgschaft.
Die List, den Führer zu fangen, um die Banditen zu schnappen, weist auf den Wert dezentraler Verwaltungssysteme hin. Wenn alles vom Führer abhängt, steht und fällt die Leistung mit seiner Effektivität, und sein Fehlen legt alles lahm. Wird die Verantwortung hingegen geteilt, so können sich die Talente der anderen freier entfalten, und der Betrieb bricht nicht zusammen, wenn der Führer fort ist. Dieses Prinzip ist in Familien und informellen Gruppen ebenso wirksam wie in Unter-

Der schlaue Zhang Xun weiß, daß er „den Anführer fangen muß, um die Banditen zu schnappen". Er identifiziert den Rebellenführer Yin Ziqi durch eine List und läßt ihm dann durch einen Adjutanten einen Pfeil ins Auge schießen. Dies stürzt die aufständischen Truppen ins Chaos, und der Aufstand bricht zusammen.

nehmen, Regierungen und anderen formellen Institutionen.
Wenn alle Hausarbeit von Mama abhängt, ist es kein Wunder,
daß der Haushalt aus den Fugen gerät, wenn sie krank wird.

# Teil IV
# Listen für wirre Situationen

*Ungeordnete oder chaotische Umstände, an denen verschiedene gegnerische Kräfte beteiligt sind, erfordern ein komplexes Jonglieren mit Interessen und Beziehungen. Die Listen in dieser Gruppe berücksichtigen, daß auf kurzfristigen Interessen beruhende Bündnisse nötig sein können, um mit einem Gegner fertig zu werden, während Bündnisse zwischen Gegnern gebrochen werden müssen. Sie verwenden Techniken wie Verhandlung und mit Drohungen vermischte Friedensangebote, Manipulation Dritter und Spaltungstaktik.*

*Um Unkraut zu entfernen, grabe
die Wurzeln aus; damit ein Topf
aufhört zu kochen, nimm den
Brennstoff weg.*
*(Chinesisches Sprichwort)*

**LIST**

# 19

*Fu di chou xin*

**Stiehl das Feuerholz unter dem
Kessel**

Diese List ist hilfreich, wenn Ihr Gegner im Vorteil ist. Statt ihm direkten Widerstand zu leisten, zielt diese Methode darauf, seine Ressourcen zu erschöpfen und seine Moral zu schwächen.

Im Frühling des Jahres 200 vernichtete Cao Caos Armee von 20000 Mann Yuan Shaos 100000 Mann mit Hilfe der List, das Feuerholz unter dem Kessel zu stehlen – dieses Ereignis zitierte Mao oft, um seine Bauernarmee in ihrem Kampf gegen einen weit stärkeren Feind zu ermutigen.

Yuan Shao war ein Kriegsherr, der über das große Gebiet
nördlich des Gelben Flusses herrschte. Cao Cao war damals
die Macht hinter dem Thron der im Niedergang begriffenen
Östlichen Han-Dynastie. Er kontrollierte ein kleineres Territorium im Süden, zwischen dem Gelben Fluß und dem Yangtze.
Als Yuan Shao Vorbereitungen traf, über den Gelben Fluß zu
setzen und Cao Cao in Guandu anzugreifen, rieten ihm seine
Berater, zu warten, bis Cao Cao die Vorräte ausgingen, denn
sie wußten, daß die Truppen auf der anderen Seite gut ausge-
bildet waren, aber knapp versorgt mit Getreide und Pferdefutter. Der ungeduldige Yuan Shao ignorierte diesen Rat und
setzte trotzdem über den Fluß.
Darauf folgten monatelange Scharmützel. Als Yuan Shao Cao
Caos Lager belagerte und Erdhügel darum her aufwarf, um
von dort Pfeile abzuschießen, bauten Cao Caos Leute Stein-
schleudern, um die Hügel zu zerstören. Als Yuan Shaos Truppen versuchten, sich mit Tunneln an das Lager heranzugraben,
ließ Cao Cao einen tiefen Graben um das Lager ausheben.
Unterdessen gingen Cao Caos Armee die Nahrungsmittel aus.
Der für das Korn verantwortliche Offizier schlug vor, kleinere
Meßgefäße zu verwenden, und Cao Cao stimmte dem zu,
doch seine Soldaten begannen, sich zu beschweren. So ließ
Cao Cao den Offizier enthaupten und stellte seinen Kopf für
alle sichtbar auf einem Fahnenmast zur Schau. Er sagte, der
Offizier habe Getreide unterschlagen, und eine Weile lang waren die Soldaten friedlich.
In dieser kritischen Lage sandte Cao Cao eine Botschaft an
seine Basis und forderte mehr Getreide an. Die Botschaft wurde von Yuan Shaos Berater Xu You abgefangen, der zufällig
ein alter Freund Cao Caos aus Kindertagen war. Auf einen
Streit mit Yuan Shao hin beschloß Xu You, zu Cao Cao über-
zulaufen. Er ließ sich von Cao Caos Wachen fangen. Cao Cao
kam im Nachtgewand aus seinem Zelt, um seinen alten Freund
zu begrüßen.
Xu You überzeugte Cao Cao, daß die Lösung in seiner
Zwangslage nicht mehr Vorräte seien, damit er Yuan Shao wei-

ter frontal bekämpfen könne; statt dessen solle er Yuan Shaos Lagerhäuser zerstören. Cao Cao verkleidete ein Sonderkommando von Soldaten mit Uniformen und Bannern, wie Yuan Shaos sie hatten, und führte sie in Yuan Shaos Logistik-Zentrum. Sie gingen im Schutz der Nacht vor; die Soldaten hielten Eßstäbchen zwischen den Zähnen, damit sie nicht sprachen, und ihren Pferden hatten sie Masken vorgebunden. Der Offizier, der für die Bewachung der Basis zuständig war, war ein chronischer Trinker und schlief fest. Cao Caos Leute brannten die Lagerhäuser bis zum Boden nieder. Außerdem ließ Cao Cao dem feindlichen Offizier und seinen Soldaten die Nasen abschneiden, bevor er sie zur Berichterstattung zu Cao Cao schickte.

Als der Rest von Yuan Shaos Armee den quellenden Rauch und die Flammen des Infernos sah und dann der verstümmelte Offizier und seine Leute eintrafen, packte die Angst Yuan Shaos Armee, und sie zerstreuten sich in ungeordneter Hast. Als Cao Cao wiederkam, um sie anzugreifen, konnten nur ein paar hundert Berittene Yuan Shao über den Fluß folgen und nach Norden fliehen.

Diese Geschichte veranschaulicht, daß ein doppelter Sinn darin steckt, das Feuerholz unter dem Kessel zu stehlen: Man kann dem Feind die materielle Grundlage entziehen, in diesem Fall das Korn, und auch die psychologische Grundlage, hier den Mut und die Moral.

Die materielle Grundlage zu zerstören ist heute so wichtig wie je im Krieg – so versenkte die US-Marine bei den Midway-Inseln im Zweiten Weltkrieg vier japanische Flugzeugträger, so daß die feindlichen Kampfflugzeuge keinen Landeplatz hatten, und im Krieg zwischen Iran und Irak griff jede Seite die Ölfelder und Raffinerien der anderen an, um die Wirtschaft lahmzulegen.

Es kann allerdings noch wichtiger sein, die psychologische Grundlage des Feindes zu vernichten. Napoleon bemerkte einmal, die Stärke einer Armee bestehe zu drei Vierteln aus Moral. Viele Feldherrn des Altertums wußten dies genau. Als Liu

Nach dem Prinzip, „das Feuerholz unter dem Kessel zu stehlen", sucht Cao
Cao seinem Feind sowohl die materielle als auch die geistige Grundlage zu
entziehen; er entsendet Truppen, um Yuan Shaos Lagerhäuser niederzubren-
nen, so daß ihr Korn vernichtet wird; außerdem läßt er den feindlichen Soldaten die Nasen abschneiden, so daß ihre Moral vernichtet wird.

Bang, der Gründer der Han-Dynastie, und Xiang Yu, der König von Chu, im Jahr 202 v. Chr. um die Herrschaft in China kämpften, befahl Liu Bang seinen Soldaten, jeden Abend Volkslieder aus Chu zu singen; dadurch bekamen ihre Gegner solches Heimweh, daß sie nicht kämpfen konnten und eine katastrophale Niederlage erlitten. Zweihundert Jahre später, in der Jin-Dynastie, belagerte ein kleinerer Stamm eine Stadt in einem Grenzgebiet. Der Kommandant der Stadt, Liu Kin, setzte sich drei Nächte hintereinander auf die Stadtmauer und spielte im Sternenschein klagende Lieder des Stammes auf einer Rohrflöte. Die Männer waren zu Tränen gerührt und zogen sich kampflos zurück.

Eines der Prinzipien, das Mao für seine Bauernarmee formulierte, lautete: ,,Brich die Kraft des Feindes mit politischer Arbeit.'' In Kombination mit militärischen Methoden erwies sich diese Technik als so erfolgreich, daß kurz vor dem Sieg der Kommunisten ganze Divisionen von Chiang Kai-sheks Truppen zur anderen Seite überliefen.

Die Wirtschaft liefert viele Beispiele für die Vernichtung oder Enteignung der Grundlagen. Wenn ein Firmenpirat still und heimlich beginnt, Aktien einer Firma aufzukaufen, die er im Visier hat, stiehlt er eigentlich Feuerholz, bis er genug besitzt, um die Macht zu übernehmen.

Ein Unternehmen in Indiana setzte die Strategie, Feuerholz zu stehlen, auf andere Weise ein, um sich gegen einen Piraten zu verteidigen. Als die kanadische Familie Belzberg Ende 1985 Interesse an dem Autoteile-Riesen Arvin Industries in Indiana bekundete, lud der Präsident von Arvin einen Freund zum Mittagessen ein. Der Freund war Senatspräsident des Staates. Als die Belzbergs schließlich ein Angebot machten, war bereits ein Gesetz, das de facto die meisten feindlichen Übernahmen im Staat verbot, durch Indianas Legislatur auf den Schreibtisch des Gouverneurs gelangt, wo es prompt unterschrieben wurde. Die Belzbergs mußten den Rückzug antreten, weil das Feuerholz unter dem Kessel fort war – in diesem Fall ein rechtliches Umfeld, das ihnen freie Hand gab.

Eine Art Feuerholz, das für die finanzielle Gesundheit von Computerherstellern wesentlich ist, sind Computerbetriebssysteme. IBM machte MS-DOS zum vorherrschenden Betriebssystem für PCs, während das einst beliebte CP/M jetzt fast ausgestorben ist. Und im Bereich der Minicomputer kämpfen IBM, DEC und einige andere Hersteller gegen Sun Microsystems, das mit mehr als zwanzig anderen Firmen verbündet ist, um die Standardversion des Unix-Betriebssystems. Die Seite, welche schließlich ihr System durchsetzt, wird einen großen Vorteil haben, denn Softwarehäuser produzieren Software für das Standardsystem, und die Kunden wollen natürlich das System haben, für das die meisten Anwendungen auf dem Markt sind.

Großunternehmen, die sich gegen kleinere Konkurrenten absichern wollen, versuchen eventuell, ihre Kontrolle über Grundlagensysteme schon früh auszuweiten. Dies zeigt sich in Vorausabschlüssen der Computerfirma Next, die von dem früheren Apple-Chef Steve Jobs gegründet wurde und ihre kommerzielle Lebensfähigkeit noch beweisen muß. 1988 zahlte IBM über 10 Millionen Dollar Lizenzgebühr für die Nextstep-Technologie, ein fortschrittliches Paket von Software-Tools, die die Erstellung von Computerprogrammen erleichtern. Und die japanische Elektronikfirma Canon investierte 100 Millionen Dollar in Next für das Recht, Next-Computer in Asien zu vermarkten.

Amerikanische Unternehmen hätten vielleicht mehr Erfolg darin, den japanischen Markt zu knacken, wenn die Amerikaner das Feuerholz unter dem Kessel des japanischen Systems wegzunehmen verstünden. Die Interessen der USA werden nicht so sehr durch offene Tarife und Quoten behindert, als vielmehr durch nichttarifliche Barrieren – Japans byzantinische Importvorschriften, komplexe Vertriebssysteme und das undurchdringliche Geflecht von Geschäftsbeziehungen.

Die List, das Feuerholz unter dem Kessel zu stehlen, sollte uns daran erinnern, daß Geschäftsbeziehungen, Freundschaft und Liebe auf komplexen Grundlagensystemen beruhen, die man pflegen und aufrechterhalten muß. Wenn eine tragende Stütze ausfällt – zum Beispiel, wenn Vertrauen verraten wird –, kann eine wichtige Beziehung zusammenbrechen. Ist es jedoch möglich, das Feuer unter der Freundschaft weiterhin zu nähren, so können oberflächliche Brüche später gekittet werden: Hören Sie nicht auf, die Studiengebühr für Ihren Sohn oder Ihre Tochter zu zahlen, nur weil Sie gerade nicht miteinander sprechen.

*Wilde Zeiten schaffen Helden.*
*(Chinesisches Sprichwort)*

## LIST
# 20 混水摸魚

*Hun shui mo yu*

**Fische in aufgewühltem Wasser**

Das Prinzip dieser List ist, daß mißliche Zeiten günstige Gelegenheiten bieten. In wirren oder chaotischen Zeiten verlieren die Menschen ihren Orientierungssinn und tun sich schwer, Schein von Sein und Gut von Böse zu unterscheiden. Ein Bankräuber, der während eines Stromausfalls zuschlägt, oder Plünderer, die nach einem Wirbelsturm die Läden ausräumen, werden wahrscheinlich nicht erwischt.

Diese List ist der List 5, ein brennendes Haus zu plündern, darin ähnlich, daß beide ein Unglück ausnutzen. In beiden Fällen kann man das Beste aus einem Unglück machen, das

schon geschehen ist, oder versuchen, von absichtlich herbeige-
führten Unglücksfällen zu profitieren. Die Arten der Un-
glücksfälle sind jedoch verschieden: Ein brennendes Haus
plündern bezieht sich auf den Nutzen, den man aus dem persönlichen Pech eines Feindes zieht; in aufgewühltem Wasser fischen bedeutet hingegen, sich eine allgemeine Lage von Verwirrung und Chaos zunutze zu machen.

Aufgewühlte Situationen schaffen Chancen für verschiedene
Interessen, die Mittleren zu gewinnen, die Schwachen zu
schlucken und die Starken zu destabilisieren. Ehrgeizige Menschen in der ganzen chinesischen Geschichte haben dies erkannt; immer wieder traten feindliche Kräfte auf und zogen
Vorteile aus politischen Wirren, wirtschaftlichen Zusammen-
brüchen und sozialen Auflösungserscheinungen in Kriegen,
Hungersnöten oder beim Sturz einer Dynastie. Die Chroniken
der Drei-Reiche-Periode sind nichts als eine Geschichte von
zahlreichen Beteiligten an dem Spiel ,,Fische in aufgewühltem
Wasser''.

Die vielleicht größte Leistung beim Fischen in aufgewühltem
Wasser war Liu Beis Gründung eines der drei berühmten Reiche, des Königreichs Shu. Liu Bei nutzte das Klima des Chaos,
das nach der Niederlage des Machthabers Cao Cao in der
Schlacht am Roten Kliff herrschte, um die Stadt Jintzhou an
einer strategischen Stelle am Yangtze zu erobern. Dann nutzte
er die inneren Probleme eines Kriegsherrn in einer anderen
Stadt, Yizhou, und machte sie zu seiner Hochburg.

Sun Zi dachte an eine aktivere Anwendung dieser List, als er
riet: ,,Zwinge den Feind in einen Zustand des Chaos und zer-
schmettere ihn dann.'' König Gouijan von Yue wurde 496 v.
Chr. auf diese Weise aktiv, als er seine Truppen gegen das an-
greifende Königreich Wu führte. Als die beiden Armeen sich
gegenüberstanden, zogen drei Kolonnen aus den Reihen der
Yue plötzlich ihre Schwerter und schnitten sich die eigene Gur-
gel durch. Die Angreifer aus Wu waren so entsetzt, daß sie in
alle Richtungen auseinanderliefen; manche, um zu flüchten,
und manche, um die Sache aus der Nähe zu sehen. In diesem

Moment ritt Gouijan den Gegenangriff und schlug Wu. Tatsächlich hatte Gouijan dieses Drama mit wenig Kosten insze-
niert: Die Kamikaze-Soldaten waren in Wirklichkeit verurteil-
te Häftlinge, die man vor die Wahl zwischen Hinrichtung und
Selbstmord gestellt hatte und die das letztere gewählt hatten.
In der ganzen Menschheitsgeschichte hat das Fischen in aufgewühltem Wasser von Revolutionen in Gesellschaftsordnun-
gen bis zu Durchbrüchen in unserem Wissen über die Welt alles gebracht.

Zu politischen Revolutionen kommt es oft dadurch, daß sie als
Alternative zu Systemen gelten, von denen die Menschen genug haben, die sie mit Überdruß oder Wut erfüllen. Die Bol-
schewiken siegten aufgrund der Korruption und Ineffizienz
des verrotteten Zarenreiches. Nachdem eine riesige Armee von
schlecht ausgerüsteten, unvorbereiteten Wehrpflichtigen in
den Hexenkessel des Ersten Weltkrieges geschickt worden war,
ergriffen die Revolutionäre die Macht inmitten von Kriegsmü-
digkeit, Hungerrevolten und Meutereien und unterzeichneten
einen Separatfrieden mit Deutschland. Die Chinesische Revolution triumphierte nach fast einem Jahrhundert ständiger
Kriege. Die Bevölkerung war enttäuscht von der Korruption
und Brutalität des Kuomintang-Regimes, litt unter galoppie-
render Inflation und anderen Wirtschaftsproblemen, und so
begrüßte sie 1949 den kommunistischen Sieg mit großen Hoff-
nungen.

In seinem klassischen Buch Die Struktur wissenschaftlicher
Revolutionen bemerkt Thomas Kuhn, daß wichtige Fortschritte in der naturwissenschaftlichen Forschung immer mit großen Umwälzungen einhergingen und eine grundlegende Neuordnung ganzer Disziplinen und Fächer nach sich zogen. Seine Idee des „Paradigmenwechsels" ist auch auf die
Gesellschafts- und Geisteswissenschaften ausgedehnt worden.
Aus dieser Perspektive ist das Fischen in aufgewühltem Wasser
als Motor des Fortschritts zu werten.

Man kann in der Wirtschaft parallel argumentieren; dort bietet die Neuordnung einer Branche oder Firma Unternehmern

und Managern Chancen, etwas zu leisten, etwas zu erreichen und voranzukommen. Umwälzungen sind das, was der Elektronikindustrie, der Biotechnologie und anderen Wachstumsbranchen Dynamik und Spannung verleiht, was die Suche nach immer besseren Produkten und Techniken vorantreibt. Der Management-Guru Tom Peters erkennt den Wert des Chaos für die Eröffnung neuer Wege für Menschen, Organisationen und Industrien an – er schrieb ein ganzes Buch darüber: Thriving on Chaos (Im Chaos gedeihen).

Die Wirtschaft liefert auch krasse Beispiele für das Fischen in aufgewühltem Wasser – etwa die Händler, die nach der Katastrophe von San Francisco an dem flotten Verkauf von T-Shirts und Sweatshirts verdienten, auf denen stand: „Ich habe das Erdbeben von 1989 überlebt!" Mit dergleichen muß man in einem wettbewerbsorientierten Umfeld allerdings rechnen.

In persönlichen Beziehungen kann man mit dem Fischen in aufgewühltem Wasser wenig gewinnen. Wenn das Wasser klar und ruhig ist, können Sie genug sehen, um andere einzuschätzen, und die anderen können sich ein Bild von Ihnen machen. Sie sollten auf der Hut vor Leuten sein, die Freundschaft schließen wollen, wenn aufgewühltes Wasser ihre Motive sowie Ihre Sicht von ihnen trübt.

*Den Feind durch falschen Schein ir-
reführen – darum geht es in der
Strategie.*

> *(Baizhan Qilue,
> 100 Wege der Kriegführung)*

## LIST
# 21

金蟬脫壳

*Jin chan tuo qiao*

**Streife den Panzer der Zikade ab**

Wer je Kissen unter die Decke gestopft hat, um seiner Mutter
vorzutäuschen, er sei im Bett, obwohl er es nicht war, der versteht diese List. Sie beinhaltet, den Eindruck zu erwecken,
man bleibe an einem Ort, während man an einen anderen Ort
geht, um überraschend anzugreifen. Den Panzer der Zikade
abstreifen beruht auf der Yin-Yang-Beziehung zwischen An-
wesenheit und Abwesenheit, Form und Inhalt, Rückzug und
Vorangehen. Im Buch der Wandlungen ist es in Hexagramm
18 dargestellt, das Niedergang oder Vernichtung bedeutet und
impliziert, daß Dinge, die zugrunde gehen, wieder gesund und
stark werden können.

Lu Bu, ein gefürchteter Kämpfer im zweiten Jahrhundert v.
Chr., rettete mit dieser List sein Leben. Lu Bu war in den
Dienst von Yuan Shao getreten, der damals einen großen Teil
Nordchinas beherrschte. Doch selbst nachdem Lu Bu ihm ge-
holfen hatte, einen Bauernaufstand niederzuschlagen, miß-
traute und fürchtete Yuan Shao Lu Bu und bat ihn, fortzugehen, was Lu Bu auch versprach. Nachdem Yuan Shao weiter
darüber nachgedacht hatte, fürchtete er, einfach „einen Tiger
in die Berge zurückzulassen'', und beschloß, Lu Bu zu töten.
Als Lu Bu abreiste, gab ihm Yuan Shao dreißig Krieger mit –
angeblich zu seinem Schutz, aber in Wirklichkeit hatten sie
Befehl, Lu Bu zu töten. Als es dunkel wurde, bat Lu Bu, der
als guter Zitherspieler bekannt war, einen vertrauten Adjutanten, Zither zu spielen, während er sich davonschlich. Die Soldaten glaubten, Lu Bu sei noch in seinem Zelt; sie warteten,
daß das Zitherspielen aufhörte, damit sie ihn im Schlaf töten
konnten. Endlich hörte die Musik auf, und einige Zeit später
stürmten die Soldaten in das Zelt und zerhackten die schlafen-
de Gestalt, die sie für Lu Bu hielten.
Am nächsten Morgen stellten Yuan Shaos Leute zu ihrer Ver-
wunderung fest, daß Lu Bus Truppen fort waren und daß die
vermeintliche Leiche nur eine zerhackte Bettdecke aus Baum-
wolle war.
Eine Erweiterung dieser List ist die Schaffung eines falschen
Eindruckes, um einen Angriff auf Dritte umzulenken. So bewahrte sich das Königreich Chu in der Zeit der Kriegführenden Staaten einmal vor Schaden.
Damals schickte sich das Königreich Qin an, die anderen sechs
Reiche zu erobern, und es sah so aus, als müsse das Königreich
Han zuerst daran glauben. Also handelte der König von Han
mit Qin aus, daß Qin das viel reichere Chu zuerst angriff. Der
Preis für Han sollte die Übergabe der Stadt und einiger Waf-
fen sein.
Als der König von Chu davon hörte, erklärte er, er wolle Han
zu Hilfe kommen, und entsandte einen Botschafter, um dem
König von Han mitzuteilen, Chu werde ihn mit ganzem Her-

Ein Adjutant tut so, als sei er Lu Bu, der die Zither spielt, während Lu Bu selbst sich aus dem Zelt in Sicherheit bringt; feindliche Soldaten, die in dieser Nacht kommen, um ihn zu töten, zerhacken nur die Bettdecke, die er zusammengeknüllt in sein Bett gelegt hat – er hat „den Panzer der Zikade abgestreift".

zen verteidigen. Dann befahl er seinen Truppen, mit großem Pomp auf Han zu marschieren. Der König von Han war mit dieser neuen Entwicklung zufrieden und kündigte die Verhandlungen mit Qin auf. Der König von Qin war wütend und griff Han an. Qin eroberte schließlich eine wichtige Stadt von Han, und der König von Han mußte während der Friedensverhandlungen seinen eigenen Sohn als Geisel nach Qin schicken. Das Königreich Chu kam ungeschoren davon.

In der Diplomatie wird der Panzer der Zikade abgestreift, wenn eine Nation von einer anderen bedroht wird und sich zum Schein fügt. Stalins Geheimpakt mit Hitler vor dem Zweiten Weltkrieg war eine Geste des Entgegenkommens, die einen Angriff auf die Sowjetunion verhindern sollte. Zwar überfielen die Deutschen sie trotzdem, aber manche meinen, durch den Pakt habe sie wenigstens Zeit gewonnen. Auch das Münchner Abkommen war ein Versuch der Franzosen und Engländer, eine deutsche Invasion durch geheucheltes Entgegenkommen zu verhindern – und auch dies funktionierte nicht lange.

Firmen greifen manchmal zur List des Zikadenpanzers, um Aufmerksamkeit von einem Ort auf einen anderen zu lenken. Manche glauben, der Hauptzweck für die Beschäftigung von Strategieberatern sei ihre Blitzableiterfunktion, Kritik vom Firmenchef abzulenken. Der Berater kommt herein, hört sich an, was der Chef tun will, und schreibt es auf. Dann kann das Management mit diesem „objektiven" Report eines Außenstehenden seine Position vor dem Vorstand, den Aktionären und der Öffentlichkeit stützen.

Firmen, die Problemen oder Kritik ausgesetzt sind, besetzen manchmal ihre leitenden Posten um, um ein neues Gesicht zu präsentieren – in der Hoffnung, daß die Zikadenpanzer neuer Führungskräfte das Vertrauen wiederherstellen, selbst wenn andere die eigentliche Macht haben. Um die weltgrößte Werbeagentur, Saatchi & Saatchi, nach zwei Jahren konfuser Akquisitionspolitik und finanzieller Probleme wieder auf Vordermann zu bringen, trat der Mitbegründer Maurice Saatchi seinen Chefsessel einem fast unbekannten französischen Manager ab und ernannte einen noch unbekannteren Franzosen zum Finanzchef. Manche begrüßten die überraschenden Ernennungen, aber ein Kritiker verglich sie mit einer „Umstellung der Liegestühle auf der Titanic", und andere bezweifelten, daß die neuen Manager die Firmenpolitik überleben würden, die andere höhere Chargen des Unternehmens schon zuvor geplagt hatte.

In manchen Situationen ist der Zikadenpanzer eine Last, die eine Firma wirklich abwerfen will. Nachdem sie das Playboy-Imperium von ihrem Vater übernommen hat, versucht Christie Hefner, den verspielten Playboy-Ruf der Vergangenheit loszuwerden und ein kultivierteres, geschäftsmäßigeres Image aufzubauen.

Es mag aus taktischen Gründen hin und wieder nötig sein, im Beruf und in persönlichen Beziehungen einen falschen Eindruck zu erwecken. Ein schlichtes Beispiel ist die Krankmeldung, wenn man etwas erledigen will, das dringend ist oder auch nicht. Aber man sollte den Panzer der Zikade nicht zu oft abstreifen. Illusionen sind schwer aufrechtzuerhalten, und wenn Sie nur einmal erwischt werden, könnten andere zu dem Schluß kommen, Ihnen nie wieder zu vertrauen.

*Ein Desperado, der Amok läuft,*
*kann tausend Mann in die Flucht*
*schlagen.*
*(Wu Qi, Stratege der*
*Kriegführenden Staaten)*

**LIST**

# 22 閉門捉賊

*Guan men zhuo zei*

**Schließe die Tür, um den Dieb
zu fangen**

Der Name des Roten Flusses in der nordchinesischen Provinz
Shanxi ist eine Erinnerung an die Schlacht, die dort vor über
zweitausend Jahren stattfand, als das Wasser durch das Blut
von 400000 Soldaten gerötet war. Das Blutvergießen war das
Ergebnis des grausamsten Beispiels in der chinesischen Geschichte für das Schließen der Tür, um einen Dieb zu fangen.
Der dafür verantwortliche Stratege war der berühmte Feldherr
Bai Qi aus dem Staat Qin, der in der Periode der Kriegführenden Staaten aufstieg. Bai Qi schloß die Tür nicht nur einmal,
sondern zweimal – zuerst, um einen militärischen Sieg zu er-

ringen, und dann, um seine glücklosen Feinde zu massa-
krieren.

Die Geschichte beginnt 262 v. Chr., als Qin einen Feldzug in
das Territorium Shangdang führte, das zu dem schwächeren
Staat Han gehörte. Der Gouverneur von Shangdang übergab
daraufhin die siebzehn Städte unter seiner Kontrolle dem
Staat Zhao, weil er voraussah, daß Qin seinen Zorn dann gegen Zao richten würde und daß Zhao sich dann mit Han verbünden mußte, um die Eindringlinge aus Qin abzuwehren.
Zhao entsandte eine Armee von 200000 Mann unter dem
Kommando von Lian Po, um Shangdang zu verteidigen. Als
sie schließlich eintraf, war Shangdang schon an Qin gefallen.
Lian Po lagerte mit seinen Truppen am Ufer des Roten Flusses; dort bauten sie Befestigungsanlagen und gruben tiefe
Wasserspeicher. Dadurch konnten sie den Truppen von Qin
fast drei Jahre lang standhalten.

Im Jahr 260 v. Chr. beschloß Qins militärischer Vordenker Fan
Ju, der Hinhaltetaktik ein Ende zu bereiten. Er verwendete die
Taktik, Zwietracht im Feindeslager zu säen (vgl. List 33) und
bestach Einwohner der Hauptstadt von Zhao, Gerüchte gegen
Lian Po zu verbreiten. Außerdem setzte er das Gerücht in Um-
lauf, die Armee von Qin habe am meisten Angst davor, daß
Zhao Kuo, der Sohn eines vor kurzem gestorbenen Mar-
schalls, als neuer Feldherr gegen sie geschickt würde.

Vor seinem Tod hatte Zhao Kuos Vater eine Vorahnung gehabt, daß Zhao Kuo den Staat Zhao ins Unglück stürzen würde, wenn man ihn die Truppen führen ließ. Auf dem Sterbebett
sagte der Marschall zu seiner Frau, wenn der König von Zhao
wollte, daß Zhao Kuo Truppen anführte, sollte sie ihm davon
abraten. Als aber die Zeit kam, ignorierte der König ihre Bitten. Er ging Qin schnurstracks in die Falle und ernannte Zhao
Kuo zum Nachfolger von Lian Po. Zhao Kuo brachte weitere
200000 Mann, so daß die Truppe insgesamt 400000 Mann
stark war. Unterdessen schickte Qin insgeheim den berühmten
Bai Qi an die Front.

Anders als Lian Po reagierte Zhao Kuo auf die Provokationen
von Qin. Als er seine erste Schlacht mit 10 000 Mann gegen
3 000 Mann von Qin gewann, forderte er in seinem Siegestau-
mel die Armee von Qin für den nächsten Tag zu einem Ent-
scheidungskampf heraus. Bai Qis Unterhändler willigte ein,
und dann befahl Bai Qi seiner Armee, zurückzuweichen, was
Zhao Kuo als Zeichen der Furcht deutete.
Am nächsten Tag führten zwei Generäle von Qin je 10 000
Mann gegen die Armee von Zhao und ließen Zhao Kuo absichtlich gewinnen, um ihn weiter hinauszulocken. Inzwischen
gingen zwei andere Generäle mit je 15 000 Mann im Bogen
hinter die Armee von Zhao, um ihnen den Nachschub abzuschneiden. Als die Zhao-Soldaten aus ihrer Festung herausge-
kommen waren, zerschnitt ein weiterer General von Qin sie
mit 20 000 Mann in zwei Hälften. Zwei Qin-Generäle mit je
5 000 Berittenen hielten sich bereit, die Zhao-Armee zu dezi-
mieren. Als Zhao Kuo Boten heimschickte, um Verstärkung
anzufordern, zog der König von Qin alle über 14 Jahre alten
männlichen Einwohner seines Reiches ein, die noch nicht in
der Armee waren, und führte sie persönlich an die Front.
Sechsundvierzig Tage lang waren Zhao Kuos Truppen völlig
von Nachschub und Hilfe abgeschnitten. Seine verhungernden
Soldaten begannen, einander zum Essen zu schlachten. Verzweifelt versuchte Zhao Kuo, mit einem Stoßtrupp von 5 000
Mann aus der Umzingelung auszubrechen. Zhao Kuo und alle
seine Leute wurden getötet, und die verbliebenen Zhao-
Truppen kapitulierten.
Doch Bai Qi hielt hier nicht ein. Er teilte die Soldaten von
Zhao in zehn Lager auf, jedes mit 40 000 Mann von Zhao und
20 000 von Qin. Man gab den Soldaten von Zhao zu essen und
zu trinken und sagte ihnen, am nächsten Tag werde eine ausge-
wählte Gruppe in die Armee von Qin eingezogen, und die anderen könnten heimgehen. Beseligt schliefen sie ein. Unterdessen wurden alle Qin-Soldaten angewiesen, sich um Mitter-
nacht weiße Tücher um den Kopf zu binden. Jeder, der kein
solches Tuch trug, sollte getötet werden. Allen Soldaten von

Zhao wurde im Schlaf der Kopf abgeschlagen. Die einzigen Überlebenden waren 240 Jünglinge, die Bai Qi verschonte, damit sie heimgehen und die schlimme Nachricht überbringen konnten. Innerhalb weniger Jahre fiel das gesamte Königreich Zhao an Qin.

Die List, die Tür zu schließen, um den Dieb zu fangen – d. h. den Feind zu umzingeln und ihm jeden Ausweg abzuschneiden –, hat einige wichtige Vorbedingungen. Erstens muß man, um die Tür zu schließen, eine zumindest örtlich höhere Konzentration von Kräften haben, wenn nicht absolute Überlegenheit. Dies meinte Sun Zi, als er schrieb: „Wenn unsere Truppe zehnmal so groß ist wie die des Feindes, werden wir sie umzingeln; ist sie fünfmal so groß, greifen wir sie an; ist sie zweimal so groß, spalten wir sie." Zweitens muß ein Haus mit einer Tür zum Schließen da sein – nämlich irgendeine Falle, sei sie materiell oder psychologisch. Drittens kann man nicht passiv abwarten, daß der Dieb ins Haus kommt; oft muß man ihn hineinlocken. Viertens muß man die Tür zur richtigen Zeit schließen, damit der Dieb wirklich eingeschlossen ist.

Fünftens müssen auch die Fenster und jeder andere Ausweg verschlossen sein. „Ein Tier, das in die Ecke getrieben wird, kämpft trotzdem", bemerkt ein chinesisches Sprichwort. Wenn der Dieb irgendeine Möglichkeit des Entkommens sieht, wird er verzweifelt kämpfen. Wenn er hingegen weiß, daß der Kampf aussichtslos ist, wird er aufgeben. Die Umzingelung muß so eisern sein wie die von Bai Qi.

Mao Zedong wußte um diese Vorbedingungen, als er im Bürgerkrieg am Anfang des Eroberungsfeldzuges in Nordostchina befahl, die Stadt Jinzhou zu erobern. Jinzhou war das Nadelöhr zwischen der Mandschurei und dem übrigen China. War diese Stadt erst in kommunistischen Händen, so konnten die Armeen der Kuomintang im Nordosten weder entkommen noch Verstärkung bekommen. Eine halbe Million Kuomintang-Soldaten starben in der Schlacht nach der Eroberung von Jinzhou.

In der Wirtschaft kann ein starkes Unternehmen die Tür schließen, um den Dieb zu fangen, wenn es einen neuen Kon-

kurrenten überwältigen will. Wenn eine etablierte Firma zum
Beispiel intensive Konkurrenz bei einem neuen Produkt vor-
aussieht, modifiziert sie vielleicht ihre Preispolitik entsprechend. Statt den Preis in den frühen Stadien des Lebenszyklus
eines Produktes hoch zu setzen – eine verbreitete Methode,
um die Kunden zu gewinnen, für die das Produkt den größten
Wert hat und die am meisten zahlen, werden durch eine Strategie der niedrigen Preise Einstiegsbarrieren errichtet, die eigenen Absatzmengen gesteigert, und durch die Einsparungen bei
der Massenproduktion werden die Herstellungskosten ge-
senkt.

In Silicon Valley versuchen große Unternehmen manchmal,
kleine Emporkömmlinge mit patentrechtlichen Verfahren zu
lähmen. Den kleinen Firmen wird durch die Anwaltskosten
die Luft abgedrückt.

Die List, die Tür zu schließen, um den Dieb zu fangen, bietet
sich für Verhandlungen um Gehaltserhöhungen oder Beförde-
rungen an. Sie drängen Ihren Arbeitgeber in eine Ecke – entweder er gibt Ihnen, was Sie wollen, oder Sie gehen. Dazu
müssen Sie aber in einer vorteilhaften Position sein. Das Beste
ist es, wenn Sie in Ihrer gegenwärtigen Stellung geschätzt werden und ein anderes lukratives Angebot an der Hand haben.
Mit dieser List können Sie nicht bluffen, denn Sie brauchen
eine Alternative, falls Sie sich verrechnen und Ihr Boß Sie ab-
weist.

Die Tür schließen, um den Dieb zu fangen, ist in persönlichen
Beziehungen eine gefährliche List, gerade weil sie der anderen
Seite keinen Ausweg läßt und auch Ihnen keinen Rückzug ermöglicht. Sie kann am nützlichsten sein, um eine harte Entscheidung umzusetzen, eine Beziehung zu beenden – eine Entscheidung, die nie getroffen werden sollte, ohne sehr viel nachzudenken und andere Möglichkeiten zu erwägen. Wenn ein
Partner in einem langfristigen Arrangement schließlich
glaubt, daß die Situation nicht zu retten ist, kann die am wenigsten schmerzhafte Lösung ein schnelles Ultimatum sein.
Die Vorbereitung muß absolut lückenlos sein: Wenn ein

Kampf um die Kinder zu erwarten ist, sollten zuerst Maßnahmen entwickelt werden, um sie vor seelischem oder körperlichem Schaden zu bewahren. Ist ein Kampf um Geld zu erwarten, so sollte man ausrechnen, wie weit man gehen will, um seinen Anteil an der Beute zu behalten, und sollte Rechtsanwälte bei der Hand haben. Doch dies ist eine Extremsituation, und für die meisten alltäglichen Zwecke muß man selten die Tür schließen.

*Menschen mit verschiedenen Träu-*
*men können dasselbe Bett teilen.*
*(Chinesisches Sprichwort)*

**LIST**

# 23 远交近攻

*Yuan jiao jin gong*

**Schließe Freundschaft mit einem fernen Staat, während du einen Nachbarn angreifst**

Diese List beruht auf der Yin-Yang-Beziehung zwischen Freunden und Feinden, nah und fern, Konzentration und Zerstreuung. Ihre Anwendung hängt von den Problemen der geographischen Vorgaben ab. Unter den meisten Umständen ist es besser, in der Nähe der Heimat zuzuschlagen, als eine lange Reise zu machen, um ein fernes Ziel zu erreichen. Wenn man mit entfernten Feinden Freundschaft schließt, während man nahe Feinde angreift, kann man logistische Schwierigkeiten minimieren und jeden Sieg zu seiner Zeit konsolidieren.
Diese taktischen Freundschaften beruhen auf dem Prinzip,

daß selbst Leute, die so verschieden sind wie Feuer und Wasser, sich manchmal zum Nutzen beider auf eine Seite schlagen
können. Diese Idee ist im Buch der Wandlungen im Hexagramm 38 reflektiert, das Trennung bedeutet. Dieses Symbol
stellt einen gesellschaftlichen Zustand dar, in dem Trennung
vorherrscht, deutet aber auch an, daß dies in kleinen Dingen
heilbar ist. Anders gesagt: Selbst in der Uneinigkeit kann man
Freunde entdecken.

Die List, mit einem fernen Staat Freundschaft zu schließen,
während man einen Nachbarn angreift, wird Fan Ju zuge-
schrieben, der Premierminister des Königreichs Qin war und
zur Gründung des ersten geeinten Kaiserreiches in China bei-
trug. Qin war in der Periode der Kriegführenden Staaten der
stärkste von sieben Konkurrenten. Diese Periode war von stän-
digen Kämpfen zwischen Nachbarn gekennzeichnet, die – wie
das Sprichwort sagt – „wie Wale verschluckten und wie Sei-
denraupen knabberten". Es gab viele und wechselnde Bündnisse, mit denen jedes Reich seinen eigen Vorteil suchte.
Schließlich unterzeichneten die Königreiche Qi, Chu, Yan,
Han, Zhao und Wei 332 v. Chr. einen formellen Vertrag, in
dem sie sich gegen Qin verbündeten. Bei einer Zeremonie be-
strichen sich die Könige der sechs schwächeren Reiche die Lippen mit Tierblut und gelobten, den Vertrag einzuhalten. Der
Pakt wurde im wesentlichen viele Jahre lang gehalten – bis 265
v. Chr., als Fan Ju auf ganz ungewöhnliche Weise bis zum Premierminister von Qin aufstieg.

Fan Jus Karriere hatte in seinem Heimatstaat Wei begonnen,
wo er für einen Beamten namens Xu Jia arbeitete. Auf einer
diplomatischen Reise beeindruckte Fan Ju den König von Qi
und wurde eingeladen, zu bleiben. Er lehnte ab, nahm jedoch
die Geschenke von Gold, Fleisch und Wein an. Xu Jia meldete
dies dem Premierminister von Wei; dieser ließ Fan Ju foltern
und in eine Latrine werfen. Man hielt ihn für tot und ließ ihn
dort liegen. Doch ein mitfühlender Wächter rettete ihn; er änderte seinen Namen und versteckte sich in den Bergen. Ein
halbes Jahr später verkleidete er sich als Diener in einem Ho-

tel, wo ein Diplomat aus Qin abgestiegen war, und beeindruckte diesen so sehr mit seinem geopolitischen Wissen, daß
er ihn nach Qin mitnahm und ihn für einen Beamtenposten
empfahl. Damals war Qins Premierminister der Herzog Rang, der Bruder der Mutter des Königs. Herzog Rang wachte eifersüchtig
über seinen Zugang zum König. Ein Jahr verging, und Fan Ju
war noch immer nicht für einen Posten in Betracht gezogen
worden. Schließlich bat er in einem Brief um Audienz beim
König, um die von Herzog Rang entworfenen Angriffspläne
gegen das Königreich Qi zu besprechen. Der König lud Fan Ju
vor und hörte sich seine Analyse an. Fan Ju sagte, Qi sei zu weit von Qin entfernt und obendrein
durch Han und Wei von ihm getrennt. Wenn Qin eine kleine
Armee entsandte, würde sie Qi wahrscheinlich nicht schlagen
können und nur gedemütigt werden. Sandte Qin eine große
Armee, so verschleuderte es Ressourcen und half dadurch Han
und Wei. Als bessere Methode empfahl Fan Ju, mit den beiden
entfernten Staaten Qi und Chu Freundschaft zu schließen und
die Nachbarstaaten Han und Wei anzugreifen. Der König gab
sofort den Plan auf, Qi anzugreifen, und ernannte Fan Ju zu
seinem obersten Sicherheitsberater. Als der König immer mehr Vertrauen zu Fan Ju faßte, warnte
dieser ihn, daß seine Mutter und sein Onkel zuviel Macht an
sich gerissen hätten. Sofort entließ der König Herzog Rang,
stellte die Königinwitwe unter Hausarrest und ernannte Fan Ju
zum Premierminister. Fan Jus erstes Ziel war das Königreich,
das ihn so gedemütigt hatte – seine eigene Heimat Wei. Wei versuchte, den Angriff zu verhindern, indem es den neuen
Premierminister bestach. Der Beamte, dem diese Aufgabe
übertragen wurde, war genau derselbe, der Fan Ju verraten
hatte, Xu Jia. Als dieser den Mann sah, den er in einer Latrine
verendet glaubte, fiel Xu Jia auf die Knie und bat um Verge-
bung. Fan Ju hätte ihn töten können, doch er demütigte ihn
nur, indem er ihn zu einem Bankett einlud und ihm nichts ser-
vieren ließ als gekochte schwarze Bohnen, die er wie ein Pferd

zwei Kriminellen aus der Hand essen mußte. Dann schickte er
Xu Jia zurück nach Wei, um auszurichten, Qin werde angreifen, wenn Wei ihm nicht den Kopf seines Premierminister Wei
Qi lieferte. Daraufhin nahm sich Wei Qi das Leben. Sein Kopf
wurde Fan Ju zugeschickt, und dieser ließ ihn trocknen,
lackieren und zu einem Nachttopf machen.

Qin folgte weiterhin Fan Jus Anweisungen, schloß Frieden mit
den entfernten Staaten Qi und Chu und griff den Nachbarn
Han an. Der Sechs-Staaten-Bund fiel rasch auseinander. Qin
schluckte zuerst Han, dann Zhao (wie bei List 22 erzählt),
dann Wei, Chu, Yan und schließlich Qi.

Wie schwierig es ist, über entfernte Länder einen Sieg zu erringen und zu konsolidieren, illustriert die Geschichte des Kolo-
nialismus. Einst ging die Sonne über dem Britischen Reich nie
unter – doch mit der Zeit wurde es Großbritannien unmöglich, alle seine überseeischen Kolonien zu halten. Auch die Erfahrung der USA in Korea und Vietnam zeigt dies. Das zaristische Rußland hingegen expandierte nach Osten und schluckte
etwa 1,5 Millionen Quadratkilometer chinesisches Gebiet, auf
das Moskau zum größten Teil noch heute Anspruch erhebt.
Und Israel setzt auf seine Rückendeckung durch eine ferne Su-
permacht, die USA, und die Koexistenz mit arabischen Ländern, die in einiger Entfernung liegen, z. B. Saudiarabien und
Kuwait, während es im Nachbarland Libanon kämpft und die
Westbank und den Gazastreifen fest im Griff behält.

Natürlich bedeutet Freundschaft schließen bei dieser List
nicht dauerhaften Frieden. Wie das Sprichwort sagt: „Es gibt
permanente Interessen, nicht permanente Freunde." Die USA
und Japan waren einst Feinde und sind nun Verbündete. Die
USA und die UdSSR waren einst Verbündete und scheinen
nun, nach vier Jahrzehnten Kalten Krieges, wieder Frieden zu
schließen. Feindschaft zwischen Staaten kann so lange wäh-
ren, wie einer von beiden – oder keiner von beiden – die Vor-
herrschaft hat; leider kann man aber auch bei diesen Freundschaften nicht darauf bauen, daß sie für immer halten.

Die Implikationen für die Wirtschaft sind klar: Ein Unternehmen sollte für gemeinsame Interessen Allianzen eingehen und nicht an zu vielen Fronten gleichzeitig kämpfen. Wenn eine Firma ein neues Produkt auf den Markt bringt, sollte sie auf vertrautem Territorium arbeiten und dann den Einstieg ausweiten. Man sollte eine allzu große Diversifizierung meiden, die einem Angriff auf ferne Gebiete gleichkommt. Der scharfe Wettbewerb in der Computerbranche hat Unternehmen zu allen möglichen Allianzen gezwungen. AT&T und Sun Microsystems haben sich zusammengetan, um einen neuen Softwarestandard durchzusetzen; mit der Rückendeckung eines Branchenkonsortiums aus achtzehn Mitgliedern haben sie ein System entwickelt, das die beliebtesten Versionen des Betriebssystems Unix zu einem einzigen Produkt verschmilzt. Gegen sie trat ein anderes Konsortium an, zu dem Hewlett-Packard, Digital und IBM gehörten; als sich die Einführung seiner Konkurrenzversion von Unix verzögerte, wurde es immer versöhnlicher, während die Gruppe um AT&T dem Erfolg näherkam.

Ein anderer Pakt wurde zwischen den Rivalen Microsoft und Apple geschlossen, die viele Jahre lang vor Gericht um Druckertechnologie gestritten hatten. Im Herbst 1989 gaben die beiden Firmen bekannt, daß sie zu einer Einigung gekommen waren, Online-Satztechnologie und Druckersoftware zu teilen. Der Verlierer bei diesem Waffenstillstand war Adobe, der Hersteller der Software und Schriftgarnituren, die bis dahin der vorherrschende Standard für Desktop-Publishing-Systeme waren. Einigen Börsenspezialisten zufolge wäre ein Machtkampf vermieden worden, wenn Adobe ein Jahr zuvor mit den beiden mächtigeren Firmen einen Kompromiß über Lizenzen geschlossen hätte, und Adobe hätte der Standard für beide werden können.

In der Automobilbranche wird diese Strategie international angewendet, zum Beispiel in den Joint Ventures zwischen General Motors und Toyota, Ford und Nissan, Chrysler und Mitsubishi. Es ist eigentlich interessant, daß gerade, während der Ärger über Japan in Washington intensiver geworden ist, ein-

zelne Staaten Japan auf eigene Faust umwerben. Bis zu 36
Staaten haben Büros in Tokio, und es wird erwartet, daß Japan Großbritannien bis Ende der 90er Jahre als größter ausländischer Investor in den USA überholt.
Auch Einzelpersonen innerhalb einer Organisation können Freundschaft mit einem fernen Staat schließen. Ob Sie in der Organisation aufsteigen wollen, sich Unterstützung für ein kontroverses Vorhaben sichern wollen oder eine Idee untergraben wollen, die Sie für schlecht halten: Fast immer werden Ihnen andere im Weg stehen. Um Ihr Ziel zu erreichen, sollten Sie sich nie zu viele Feinde machen, und wenn Sie welche haben müssen, wählen Sie sie mit Bedacht: Nehmen Sie es zuerst mit dem schwächsten auf, und, wenn möglich, immer nur mit einem zur selben Zeit.
In persönlichen Beziehungen und im Familienleben sind taktische Bündnisse nicht nur nützlich, sondern direkt unerläßlich. Um Ihre Freundschaften zu bewahren, müssen Sie zumindest versuchen, mit den Freunden Ihrer Freunde auszukommen. Um den Frieden in der Familie zu wahren, müssen Sie einen Modus vivendi mit den Verwandten Ihrer Verwandten finden. Diese Beziehungen sucht man sich nicht aus, aber sie sind notwendig.
Gelegentlich kann das Bündnis mit einem fernen Staat bedeuten, daß Sie im Interesse eines wichtigeren Ziels zum Komplizen in einer Sache werden, die Ihnen nicht recht ist. Wenn Ihr Kind zum Beispiel ungesundes Essen und schnelles Fahren mag, ist es weiser, die erste Vorliebe wenigstens taktisch zu akzeptieren und sich darauf zu konzentrieren, gegen die unmittelbarere Gefahr von Autounfällen anzugehen, die die häufigste Todesursache bei amerikanischen Teenagern sind.

*Ohne die Lippen wird den Zähnen kalt.*

*(Chinesisches Sprichwort)*

**LIST**

# 24

*Jia dao fa guo*

**Verschaffe dir freien Durchzug,
um das Reich Guo zu erobern**

Die List, sich freien Durchzug zu verschaffen, ist angebracht, wenn einer Ihrer Gegner von einem anderen bedroht wird. Wenn Sie zugunsten des ersten Feindes eingreifen, können Sie Ihren Einfluß über beide Gegner gleichzeitig ausdehnen. Diese Idee ist im Buch der Wandlungen in Hexagramm 47 dargestellt, das Zwangslage bedeutet und impliziert, daß jemand, der in Gefahr ist, nicht durch leere Worte allein Vertrauen gewinnt – Handeln ist gefragt, nicht bloßes Reden.
Diese List beruht auf der Yin-Yang-Beziehung zwischen entleihen und verleihen, Regelmäßigkeit und Überraschung, Konzentration und Trennung, dem Schließen und Brechen von

Bündnissen. Ein frühes Beispiel stammt aus der Frühling-
und-Herbst-Periode vor rund 2500 Jahren, als die Vasallen
des Östlichen Zhou-Hofes bestrebt waren, ihre Lehensgebiete
zu vergrößern. Zu den Lehen gehörten zwei kleine Königreiche
im Norden, Yu und Guo. Beide grenzten an das weit größere
Königreich Jin, das sie schlucken wollte, dies aber nicht konn-
te, solange sie sich einig waren. 658 v. Chr. kam ein Beamter von Jin auf die Idee, Guo über
Yu anzugreifen. Zuerst provozierten Grenzsoldaten von Jin
Scharmützel an der Grenze mit Guo. Dann schenkte der König von Jin dem König von Yu zwei Schätze, ein Pferd und ein
Stück Jade, um ihm freien Durchzug für Jin-Truppen zum
Xiyang-Paß an der Grenze zwischen Yu und Guo abzuschmei-
cheln. Trotz der Warnung eines Beraters, daß der einzige
Schutz für Yu und Guo ihre Zusammenarbeit sei, willigte der
König von Yu ein. Obendrein täuschte er den General, der Gu-
os Seite des Passes bewachte, indem er ihm sagte, er werde einige Wagen hinüberschicken, um Guo im Kampf gegen ein
paar Stammesminderheiten zu helfen. Tatsächlich waren die
Wagen von Jin, und heraus sprangen Jin-Soldaten und eroberten den Paß mit einem Überraschungsangriff. Vier Monate
lang belagerten die Jin-Truppen Guos Hauptstadt, bis der König von Guo schließlich mit einer Handvoll Gefolgsleute floh.
Dann eroberte Jin Guo ohne Schwierigkeit.
Jin belohnte den König von Yu mit einem Drittel der Beute
aus Guo. Inzwischen täuschte Jins oberster General eine
Krankheit vor, und der König von Yu schickte Ärzte zu ihm.
Während der General den Genesenden spielte, machte der König von Jin einen Besuch in Yu. Der König von Yu nahm ihn
mit zu einem Wettjagen, und um seinen mächtigeren Nachbarn
zu beeindrucken, nahm er seine besten Soldaten, Wagen und
Pferde mit. Während der König von Yu nur daran dachte, Eindruck zu schinden, erhob sich der Jin-General von seinem vor-
getäuschten Krankenlager und eroberte die Hauptstadt von Yu.
Der Schlüssel zu dieser List ist die Fähigkeit, sich ein Durch-
zugsrecht zu borgen. Im Vietnamkrieg operierten die USA mit

geborgtem Territorium – seinen Luftstützpunkten in Thailand und auf den Philippinen –, um Menschen, Material und Bomben nach Vietnam zu bringen. Und die Nordvietnamesen borgten Grenzgebiete in Kambodscha, um den amerikanischen Bombenteppichen zu entgehen – und eroberten später nicht nur Südvietnam, sondern auch Kambodscha. In der Reagan-Ära bezogen die USA nicht nur rhetorisch Stellung gegen das sandinistische Nicaragua, sondern verstärkten auch ihre Militärpräsenz in Honduras, und wäre nicht die öffentliche Meinung gegen ein zweites Vietnam gewesen, so hätten sie durchaus von dort in Nicaragua einfallen können.

In der klassische Version der List, sich freien Durchzug zu verschaffen, um das Königreich Guo zu erobern, nutzt eine stärkere Seite eine schwächere aus. Eine Variante dieser Strategie ist es, wenn die schwache die Ressourcen der starken benutzt, um stark zu werden, und dann zurückkommt, um die starke zu schlucken. Japan und die Bundesrepublik, die im Zweiten Weltkrieg besiegt wurden, sind wichtige wirtschaftliche Konkurrenten der USA geworden, nachdem sie mit amerikanischer Wirtschaftshilfe wieder auf die Beine kamen. Microsoft Corporation gewann eine marktbeherrschende Stellung als Softwarehersteller, indem es auf der Erfolgswelle von IBM schwamm, und jetzt verwendet nicht nur IBM, sondern ungezählte andere PC-Hersteller sein Betriebssystem MS-DOS als Standard der Branche. Charles Wangs Computer Associates International, das 1976 mit vier Angestellten als Unterorganisation einer Schweizer Softwarefirma anfing, schluckte seine Mutterfirma, übernahm fast zwanzig andere Softwarehäuser und wurde zum weltgrößten unabhängigen Softwarehersteller.

Bei der Arbeit kann diese List sich als nützlich erweisen, wenn Sie ein Projekt entwickeln, das Sie oder Ihr Büro nicht allein bewältigen können. Es ist wichtig, überall gute Beziehungen zu unterhalten – vom Schreibzimmer über das Postzimmer und die Rechtsabteilung bis zur Chefetage –, nicht nur, damit es ein angenehmes gesellschaftliches Ereignis ist, zur Arbeit zu

gehen, sondern auch, weil freier Durchzug durch andere Büros
und Abteilungen der einzige Weg sein kann, an die Hilfe oder
die Ressourcen heranzukommen, die man braucht, um etwas
getan zu bekommen.
Wenn Sie sich in einer Berufsorganisation, in der Politik oder
anderen gemeinnützigen Tätigkeiten hervortun wollen, so legt
diese List nahe, daß es gut ist, klein anzufangen. Fast jeder,
der einmal Präsident einer akademischen Organisation wurde,
hat angefangen, indem er Ausschüssen beitrat. Die Prominen-
ten der Parteipolitik von Demokraten oder Republikanern haben vielleicht als freiwillige Bezirkswahlhelfer angefangen.
Manche Mitglieder Ihrer lokalen Schulkommission haben
wahrscheinlich als Mitglieder im Elternbeirat angefangen.
Diese Engagements auf lokaler Ebene sind der sichere Durchzug, der zu Größerem und Besserem führt.

# Teil V
# Listen, um Boden zu gewinnen

*Das eigentliche Ziel dieser Gruppe von Listen ist in der chinesischen Redensart „verschlucken wie ein Wal und knabbern wie eine Seidenraupe" zusammengefaßt. Auf die eine oder andere Weise will man bekommen, was andere kontrollieren. Zu diesem Zweck arbeiten diese Listen mit Techniken des Ersetzens, mit Spaltungstaktik, falscher Darstellung und Fallen.*

**LIST**

# 25 偷梁換柱

*Tou liang huan zhu*

**Ersetze die Balken und Pfosten
durch morsches Holz**

Die festen Stützen eines Gebäudes durch morsche ersetzen bedeutet, wesentliche Strukturen, die den Feind stützen, zu stehlen, zu sabotieren, zu vernichten oder auf andere Weise zu entfernen und durch die eigenen zu ersetzen. Mit anderen Worten: Sie machen Ihren Feind von innen her handlungsunfähig und gewinnen die Kontrolle. Wie Hexagramm 63 im Buch der Wandlungen feststellt: „Wenn die Räder angehalten werden, kann sich der Wagen nicht bewegen; wenn die Balken und Pfosten weggenommen werden, fällt das Haus auseinander."
In alten Zeiten machten Feldherrn Verbündete mit dieser List zu Untergebenen. Vor dem Zeitalter der modernen Waffen war

die Schlachtanordnung ein entscheidendes Element des effektiven Kämpfens. Die Truppen wurden normalerweise im Viereck aufgestellt. In der Mitte der Formation war die Kolonne des „himmlischen Gleichgewichts" oder das Rückgrat. Senkrecht dazu verliefen symmetrische „Erdachsen". Ein schlauer Feldherr konnte die wichtigsten Balken und Pfosten seines Verbündeten allmählich durch seine eigenen Kräfte ersetzen. Lu Buwei, ein reicher Kaufmann aus dem Staat Zhao, bekam in der Periode der Kriegführenden Staaten ein ganzes Königreich in die Hand, indem er Balken und Pfosten durch seine eigenen ersetzte.

Wenn in dieser Periode wechselnder Bündnisse zwischen den sieben Königreichen zwei Reiche einen Vertrag unterzeichneten, verlangte eine Seite oft, daß die andere einen königlichen Sohn oder Enkel als Garanten entsandte. Yi Ren, der Enkel des Königs von Qin, wurde so zur Geisel eines Bündnisses zwischen Qin und Zhao. Der hinterlistige Lu Buwei hoffte, die Gefühle eines Prinzen, der weit von zu Hause war, beeinflussen zu können, bestach seine Leibwache und schloß Freundschaft mit dem einsamen, deprimierten jungen Mann. Diese Freundschaft nutzte er, um mit der Zeit die Kontrolle über den Thron von Qin zu bekommen.

Yi Rens Vater war der Kronprinz, doch Yi Rens Mutter war seit langem in Ungnade gefallen. Lu Buwei reiste nach Qin und bestach die Schwester der Lieblingskonkubine Huayang, sich für Yi Ren einzusetzen. Die Schwester überredete Huayang, Yi Ren zu adoptieren, so daß der junge Mann in einer guten Position war, um den Thron zu erben.

Als Lu Buwei nach Zhao zurückkam, kaufte er ein schönes Singmädchen und schwängerte es. Dann lud er Yi Ren zum Abendessen ein, wo die junge Frau dem Prinzen mit ihrem Tanzen und Singen den Kopf verdrehte. Lu Buwei überraschte Yi Ren im Liebesspiel mit der Frau und schimpfte ihn in gespielter Wut und Überraschung aus. Dann bot er Yi Ren die Frau zum Geschenk an – unter zwei Bedingungen, die Yi Ren bereitwillig akzeptierte: Erstens mußte Yi Ren sie heiraten,

und zweitens, wenn sie einen Sohn gebar, mußte dieser zu Yi
Rens rechtmäßigem Erben ernannt werden. Acht Monate später gebar die Frau einen Knaben.
Als er drei Jahre alt war, brachen Truppen von Qin den Vertrag und griffen die Hauptstadt von Zhao an. Der König von
Zhao wollte Yi Ren töten, doch Lu Buwei bestach die Gefäng-
niswachen, den Prinzen, seine Frau und ihr Kind nach Qin
flüchten zu lassen. Die königliche Konkubine Huayang hieß
sie willkommen. Als der alte König von Qin starb, wurde Yi
Rens Vater König, doch er starb nach nur drei Tagen auf ge-
heimnisvolle Weise, und Yi Ren bestieg den Thron. Yi Ren
machte Lu Buwei zum Premierminister und gab ihm ein Her-
zogtum mit 100 000 Haushalten zum Lehen.
Yi Ren starb nur vier Jahre nach seiner Thronbesteigung. Man
verdächtigte Lu Buwei, sowohl ihn als auch seinen Vater ver-
giftet zu haben, doch niemand wagte, ihn anzuklagen. Der
kleine Prinz war zu jung, um die Staatsgeschäfte zu führen,
und so zog Lu Buwei alle Fäden. Inzwischen nahm er auch die
Beziehung mit der Mutter des Jungen, dem einstigen Singmädchen, wieder auf.
So bekam der ehrgeizige Kaufmann einen Staat in die Hand,
indem er seine eigenen Leute in Machtpositionen manövrierte.
Diese Geschichte ist der Gipfel der List, Balken und Pfosten
durch eigene zu ersetzen.
Der Rest der Geschichte zeigt allerdings, daß diese List nur so
lange funktioniert, wie die eingesetzten Balken und Pfosten
dem Betreffenden gehören. Lu Buweis Schicksal veranschaulicht die chinesische Weisheit: „Die Dinge wenden sich in ihr
Gegenteil, wenn man sie zum Extrem treibt."
Einige Jahre vergingen, und Lu Buwei beschloß, die Königinmutter aufzugeben, denn er fürchtete die Mißbilligung ihres
Sohnes, der sich zu einem starken und klugen Herrscher entwickelte. Lu Buwei dachte sich eine raffinierte List aus, um einen Taugenichts in den Palast zu schmuggeln, der für sein
übergroßes Geschlechtsorgan berühmt war. Danach wurden
die Königinmutter und ihr neuer Gefährte in eine andere Stadt

Lu Buwei setzt seinen Plan ins Werk, das Königreich Qin in die Hand zu bekommen. Er „ersetzt Balken und Pfosten durch morsches Holz", indem er den Prinzen Yi Ren durch ein Singmädchen bestrickt, das er zuvor geschwängert hat.

geschickt. Sie hatten zwei Kinder, und der Taugenichts bekam ein Herzog zum Lehen. Mit der Zeit wurde sein Einfluß größer als der Lu Buweis. Er und die Königinmutter begannen, Pläne zu schmieden, um ihren Sohn zum Thronfolger zu machen.

Der junge Herrscher erfuhr von der Verschwörung, ließ den Taugenichts verhaften und von fünf Ochsenkarren zerreißen. Außerdem entließ der König Lu Buwei als Premierminister. Am Ende erkannte der König, welch ein Gauner Lu Buwei war, und Lu Buwei nahm sich das Leben, um der Strafe zu entgehen.

Der König hatte große Taten vor sich: Er eroberte die anderen sechs Königreiche, einte China wieder und erklärte sich 221 v. Chr. zum Kaiser der Qin-Dynastie. In der späteren Geschichte ist er als Qin Shihuangdi berühmt geworden.

Die Religionsgeschichte kennt viele Beispiele dafür, daß Balken und Pfosten ersetzt wurden. Mythologieforscher haben festgestellt, daß viele Geschichten, Praktiken und Feiertage des Christentums Parallelen zu traditionellen Glaubensinhalten, Bräuchen und Festen sind, so daß dieses neue System auf bekehrte Heiden nicht völlig fremd wirkte. Ähnlich verhielt es sich bei der Einführung des Islam. Sein Gründervater Mohammed floh aus Mekka in die freundlicher gesonnene Stadt Medina, die seine Lehre annahm. Die Kämpfe zwischen Mekka und Medina endeten mit einem Vertrag, der Mekka vorschrieb, den islamischen Gott anzubeten und Mohammed als Propheten zu akzeptieren – aber die Anhänger des neuen Glaubens pilgerten weiterhin nach Mekka, wie sie es als Heiden getan hatten.

Die List, Balken und Pfosten zu ersetzen, ist heute in der internationalen Diplomatie und im Krieg weithin üblich. Sie ist ein Lieblingsinstrument der Supermächte. In den Jahren vor der Invasion in Afghanistan sandte die Sowjetunion über 6000 Berater, die allmählich den Regierungsapparat unter ihre Kontrolle brachten. Beide Supermächte setzen militärische und technische Hilfe ein, um in Ländern der Dritten Welt Einfluß zu gewinnen. Die Regierung der USA hat Programme für ausländische Besucher und Wissenschaftler, um Freunde im Ausland zu gewinnen.

In einem breiteren Sinn bezeichnet diese List den Einsatz verschiedener Taktiken des Ersetzens, um seine eigenen Ziele zu erreichen. Als die Japaner in den 60er Jahren feststellten, daß sie wegen hoher Inlandslöhne in der Textilindustrie international nicht konkurrenzfähig waren, verlegten sie ihre Textilproduktion in Niedriglohnländer im Pazifikbecken und produzierten statt dessen Elektronik. Die Verlagerung verbesserte die Wettbewerbschancen für japanische Textilien und brachte das Land auf den Weg des Erfolgs mit der Elektronik.

Als die Regierung der USA die japanischen Automobilhersteller unter Druck setzte, freiwillige Quoten zu setzen, reagieren sie mit einer raffinierten Ersetzung: Sie exportierten höherwertige Modelle, so daß der Umfang der Exporte nicht stieg, wohl aber der Wert. Als die ersten Luxuswagen von Japans beiden größten Herstellern 1989 in die USA kamen, vergrößerte jeder verkaufte Toyota Lexus oder Nissan Infiniti das amerikanische Außenhandelsdefizit um die gleiche Summe wie drei der viel billigeren Autos, die er ersetzt hatte. Bei Verkaufspreisen von je 35000 bis 40000 Dollar können diese beiden Modelle bis 1992 das Handelsdefizit leicht um 5 Milliarden Dollar vergrößern.

Als die Amerikaner japanische Computerchips mit Antidumping-Zöllen belegten, montierten einige japanische Firmen auf falsche Platten, weil die Zölle nicht auf montierte Chips erhoben wurden. Dies war weniger riskant, als Chips in Koffern zu schmuggeln, wie es manche Amerikaner versuchten.

Buchhalter nutzen oft die Taktik des Ersetzens, um Probleme in der Bilanz zu kaschieren. Weil der Zentralbankrat der USA sechs Cent Kapital für jeden geliehenen Dollar sehen will, maskieren Sparkassen und Kreditinstitute Hypotheken als Sicherheiten; Banken tun das Gleiche mit Kreditkartenaußenständen, und Automobilfirmen tun es mit Kfz-Darlehen. Um

Schulden zu verstecken, kann eine Firma Verbindlichkeiten als „obligatorisch auslösbare Vorzugsaktien" verkleiden. Die Festsetzung von Übernahmekursen ist eine Ersetzungstechnik, die bei Multis gang und gäbe ist. Ein Konzern kann bei Transaktionen zwischen der Mutterfirma und Tochterfirmen oder unter Tochterfirmen die Preise manipulieren und dadurch versteuerbares Einkommen aus Gebieten mit hohen Steuern in Gebiete mit niedrigen Steuern umverteilen und so seine Gesamtsteuerlast senken.

Manche Maklerfirmen schlagen aus einer eindeutig unmoralischen, wenn nicht direkt illegalen Variante der Balken-und-Pfosten-List Profit. Zunächst verwaltet ein Makler für einen Kunden Anteile an einem Unternehmen, dann macht ein Firmenpirat ein Angebot für ein Aktienpaket, und der Kunde antwortet nicht auf die Anfrage des Maklers, ob er verkaufen will. Ohne sie aus dem Depotauszug des Kunden zu streichen, transferiert der Makler dann Aktien des Kunden auf ein Hauskonto und verkauft sie als Aktien der Maklerfirma. Wenn der Aktienpreis nach dem Verkauf sinkt, füllt der Makler das Konto des Kunden zu dem geringeren Preis wieder auf. Nachdem er die Vermögenswerte des Kunden als seine eigenen behandelt hat, steckt er die Differenz zwischen dem Verkaufspreis und dem späteren Kaufpreis in die eigene Tasche, und der Kunde erfährt nie, was ihm entgangen ist.

Die Geschichte, wie Buchhalter die Beratungsbranche unterwanderten, ist ein weiteres Beispiel für die List, Balken und Pfosten zu ersetzen. Sie geht auf den Anfang der Computerisierung in den 1950er Jahren zurück, als die Firmen bei Buchsachverständigen Beratung zu numerischen Problemen wie Inventarkontrolle und Lohnbuchhaltung suchten. Allmählich überließen die großen Consultingfirmen die mühsameren Aufgaben und Studien den Buchhaltungsfirmen, und später gründeten die Buchhaltungsfirmen ihre eigenen Beratungsabteilungen. Während die einstigen „acht Großen" der Buchhaltungsbranche zu immer weniger und größeren Unternehmen fusionieren, können ihre Consultingbereiche für die traditionellen Beratungsunternehmen zu immer stärkeren Konkurrenten werden.

Amerikanische Gewerkschaften bereuen heute eine Regelung, auf die sich alle bei den Tarifverhandlungen von 1980 geeinigt hatten: Dabei konnten die Arbeitgeber Lohnerhöhungen durch Gratifikationen ersetzen, die für sie weniger kostspielig waren. Lohnerhöhungen rechnen zum Grundlohn und zählen deshalb für Renten, Urlaubs- und Krankengeld sowie die Vergütung von Überstunden. Vor allem bilden Lohnerhöhungen die Berechnungsgrundlage für spätere Lohnerhöhungen. Gratifikationen tun nichts dergleichen. Kein Wunder, daß die Gewerkschaften versuchen, die Gratifikationen wieder durch Lohnerhöhungen zu ersetzen.

Wenn Positionen und Karrieremuster an Ihrem Arbeitsplatz nicht klar definiert sind, können Sie Ihren Job vielleicht zu etwas Größerem und Lohnenderem machen, indem Sie Verantwortungen übernehmen, die nicht ausdrücklich von anderen beansprucht werden, und Ihre Aktivitäten stufenweise ausweiten, bis Sie in diesen Bereichen unentbehrlich geworden sind. Sie wollen freilich nicht, daß Ihre Arbeit für selbstverständlich gehalten wird; Sie müssen dafür sorgen, daß Ihre Vorgesetzten Ihre Beiträge anerkennen und bereit sind, Sie dafür zu belohnen.

Und um in Ihrem Haushalt mehr geachtet zu werden, müssen Sie vielleicht in Bereichen Verantwortung übernehmen, die Sie zuvor ignoriert oder anderen überlassen haben. Für Kinder gehört dies zum Erwachsenwerden. Wenn sie beginnen, mitzuhelfen, ohne eigens darum gebeten zu werden, werden sie vielleicht zu ihrem Erstaunen feststellen, daß ihre Eltern sie allmählich wie vollwertige Menschen behandeln.

*Töte das Huhn, um dem Affen*
*Angst zu machen.*
*(Chinesisches Sprichwort)*

**LIST**
# 26 指桑骂槐

*Zhi sang ma huai*

**Zeige auf den Maulbeerbaum
und verfluche die Heuschrecke**

Diese List rät zu Ermahnungen, Einschüchterungstaktik, Keulen oder was immer nötig ist, um andere durch Warnungen, Angst oder Schläge gefügig zu machen. Sie ist im wesentlichen eine Strategie negativer Verstärkung. Wenn man auf den Maulbeerbaum zeigt und die Heuschrecke verflucht, kann man die Schwachen einschüchtern und die Starken überzeugen.

Sun Zi, der Autor der Kunst des Krieges, veranschaulichte dem König von Wu, He Lu, die Wirksamkeit dieser List. Als He Lu Sun Zi aufforderte, seine Theorien zu demonstrieren, behauptete Sun Zi, er könne selbst Frauen und Kinder zu einer unschlagbaren Armee ausbilden. Da rief He Lu 180 Mädchen seines Hofes zusammen; Sun Zi teilte sie in zwei Kolonnen und machte die beiden Lieblingskonkubinen zu Kommandanten. Dann gab er ihnen Hellebarden und erklärte die Manöver, die sie nach bestimmten Trommelschlägen ausführen sollten. Doch als er mit der Trommel eine Rechtsdrehung befahl, kicherten sie nur. Selbst nach mehrfachen Erklärungen kicherten sie wieder, als er den Befehl für eine Linksdrehung trommelte.

Sun Zi sagte, es müsse die Schuld der Kommandanten sein, und ließ die beiden Konkubinen enthaupten. Die Frauen an der Spitze der beiden Kolonnen ernannte er zu den neuen Kommandanten. Als er diesmal die Trommel schlug, folgten die Mädchen den Anweisungen genau.

Auf He Lus betrübte Reaktion auf diese Leistung antwortete Sun Zi nur: „Majestät, Ihr liebt die Worte in meinem Buch, aber Ihr könnt es nicht ertragen, sie in die Praxis umzusetzen." Schließlich ernannte He Lu Sun Zi jedoch zu seinem obersten Feldherrn.

Der Abwurf der amerikanischen Atombomben auf Hiroshima und Nagasaki war eine moderne Anwendung dieser List – und zwar eine extreme. Manche Leute glauben, mit einer einzigen Bombe auf ein nichtziviles Ziel hätte man die Botschaft mit weit weniger menschlichem Leiden deutlich machen können. Manche Historiker meinen sogar, der Einsatz von Atomwaffen sei überhaupt nicht nötig gewesen.

Unternehmen, die ein Revier zu verteidigen haben, zeigen oft auf den Maulbeerbaum und verfluchen die Heuschrecke, um potentielle Eindringlinge abzuschrecken. Wenn Polaroid und Kodak zum Beispiel in das Spezialgebiet des jeweils anderen eindringen – nämlich Sofortbilder bzw. konventionelle Fotos –, dann warnt jede Firma die andere, bei ihren Leisten zu bleiben. Hersteller von Computer-Hardware und Software haben eine Schwäche dafür, sich gegenseitig mit patent- und urheberrechtlichen Verfahren zu überziehen. In einem frühen Stadium kann diese Taktik eine wirksame Warnung gegen Nachahmer sein, doch wenn Verstöße zur Regel werden, wird sie bedeutungslos. Die meisten Rechtssysteme beruhen teilweise auf der Annahme, daß Negativbeispiele von Verbrechen abschrecken. Als der Fusionswahn Mitte der 80er Jahre in den USA seinen Gipfel erreichte, gab es zweifellos weit mehr Insidergeschäfte, als bekannt wurde. Indem es etliche prominente Fälle öffentlich machte und strafrechtlich verfolgte (Levine, Boesky, Milken), sandte das SEC eine deutliche Botschaft an andere, die sich zu solchen Wirtschaftsverbrechen verführen lassen mochten. Moderne Manager ziehen es vor, ihre Mitarbeiter mit positiver Verstärkung zu motivieren – Belobigungen, Geld und anderen psychologischen und materiellen Belohnungen. Trotzdem müssen an bestimmten Leuten und unter bestimmten Umständen negative Exempel statuiert werden, nicht nur, um diese Einzelfälle zu regeln, sondern damit es nicht wieder zu derartigen Umständen kommt.

*Ein Mensch von großer Weisheit*
*erscheint oft begriffsstutzig.*
*(Chinesisches Sprichwort)*

**LIST**

# 27

俊瘋不瘳

*Jia chi bu dian*

**Spiele den Dummen und bleibe schlau**

Die klügsten Leute lassen sich nicht immer anmerken, wie klug sie sind. Die weniger Klugen, die sich für klug halten, handeln oft überstürzt, wenn es gescheiter wäre, Dummheit vorzutäuschen und abzuwarten. Dies steckt hinter der List, den Dummen zu spielen und schlau zu bleiben. Die Idee ist im Buch der Wandlungen in Hexagramm 3 reflektiert, das langsames Vorgehen ausdrückt und impliziert, daß jede Bewegung nach vorn nur nach sorgfältiger Überlegung vollzogen werden sollte.

Den Dummen spielen und dabei schlau bleiben beruht auf der Yin-Yang-Beziehung zwischen Bewegung und Ruhe, Geheimhaltung und Offenheit, Aktion und Reaktion. Mit dieser Methode bringen Sie den Feind dazu, Sie zu unterschätzen, entsprechend Sun Zis Lehre: „Wenn man stark ist, sollte man so tun, als sei man schwach."

Diese List wird veranschaulicht in der Geschichte, wie Liu Bei, ein sehr beliebter Führer vor zweitausend Jahren, sich den Klauen seines skrupellosen Rivalen Cao Cao entwand. Im Jahr 198 wurde Liu Bei von einem Kriegsherrn besiegt und suchte Asyl bei Cao Cao, der damals Premierminister am Hof von Han war. Cao Cao verlieh Liu Bei den Titel eines Herzogs und behandelte ihn großzügig, hielt ihn aber de facto in einer Art Hausarrest. Cao Caos eigentliches Ziel war, den immer beliebteren und einflußreicheren Liu Bei unter Kontrolle zu haben.

Gleichzeitig plante Cao Cao, den jungen Kaiser Xiandi von Han vom Thron zu verdrängen. Als Xiandi dahinter kam, schrieb er ein geheimes Edikt mit seinem eigenen Blut, in dem er schwor, auf Cao Caos Tod hinzuarbeiten. Liu Bei beteiligte sich insgeheim an der Verschwörung, vermied es aber, Verdacht zu erregen, indem er in seiner Residenz blieb und seinen Gemüsegarten kultivierte.

Eines Tages besuchte Cao Cao Liu Bei. Sie setzten sich an einen Steintisch in einem kleinen, von Pflaumenbäumen umstandenen Pavillon und sprachen über Wein und Speisen. Der Himmel war bedeckt, und es sah nach Regen aus. Cao Cao fragte Liu Bei: „Du bist viel herumgekommen und vielen Menschen begegnet. Kannst du mir sagen, wer die Helden von heute sind?" Liu Bei nannte zahlreiche Adlige und Führer, aber Cao Cao spottete über jeden der Genannten und sagte schließlich, er selbst und Liu Bei könnten wahre Helden genannt werden.

Liu Bei war sicher, daß Cao Cao ihn durchschaut hatte, und erschrak so, daß er seine Eßstäbchen auf den Boden fallen ließ. Gerade in diesem Moment donnerte es. Liu Bei erklärte rasch, der Donner habe ihn geängstigt, und deswegen hätten ihm die Hände gezittert. Aus diesem Zwischenfall schloß Cao

Cao, Liu Bei sei ein Feigling. Kurz danach ließ Cao Cao, dessen Wachsamkeit erlahmt war, Liu Bei mit 50 000 Soldaten in den Kampf gegen einen Kriegsherrn ziehen. Natürlich hatte Liu Bei nicht die Absicht wiederzukommen. Einem engen Gefährten sagte er: ,,Ich habe gelebt wie ein Vogel in einem Käfig und ein Fisch im Netz. Jetzt bin ich wie ein Fisch, der zurück ins Meer schwimmt, und ein Vogel, der sich in den Himmel emporschwingt.'' Später entdeckte Cao Cao die Verschwörung und richtete die meisten Unterzeichner des Edikts hin, aber inzwischen war Liu Bei weit fort.

Interessanterweise wurde die List, den Dummen zu spielen, in der chinesischen Geschichte mehrfach von Militärführern angewendet, um ihre eigenen Truppen zu täuschen. Sun Zi bestätigt dies mit seiner Bemerkung, Feldherren müßten gelegentlich ihre Soldaten hintergehen, um militärische Pläne geheimzuhalten. Ein anderer Grund war, die Truppen bei Laune zu halten. Liu Bang, der Gründer der Westlichen Han-Dynastie, wurde einmal in der Schlacht in die Brust geschossen. Er wußte, daß die Nachricht von einer so schweren Verwundung der Moral seiner Leute schaden würde, und so rief er, er sei in den Zeh geschossen worden. Tausend Jahre später, in der Song-Dynastie, bereitete General Di Qing seine Leute auf eine besonders schwierige Schlacht vor, indem er hundert Münzen warf und ihnen sagte, hundertmal Kopf würde den sofortigen Sieg bedeuten. Obwohl seine Berater protestierten, warf er die Münzen, und bei allen war der Kopf oben. Seine Soldaten gewannen die Schlacht, und als sie heimkamen, fanden sie heraus, daß die Münzen eigens geprägt worden waren – mit Köpfen auf beiden Seiten.

In der Wirtschaft kann man andere entwaffnen, die vielleicht angreifen wollen, indem man sich dumm stellt. Die List ist besonders nützlich in Geschäftsverhandlungen, wenn man nicht zeigen will, wieviel man über die Pläne der anderen weiß. Bedenken Sie aber, daß vielleicht auch die andere Seite sich dumm stellt!

Bei Unternehmen, die mit dem Modernsten an Technologie und Management operieren, kann die List, den Dummen zu spielen und dabei schlau zu bleiben, die Form annehmen, daß sie altmodische Methoden zur Verkaufsförderung anwenden. Es ist nicht überraschend, daß die amerikanische Firma Sprint Millionen an Dollars für Anzeigen ausgab, die sie als technologisch fortgeschrittene Alternative zu AT&T darstellen. Aber sie stellte auch 30000 Teilzeitverkäufer ein, um ihren Ferngesprächservice an Straßenecken, auf Bezirksmessen und in Einkaufszentren an den Mann zu bringen.

Den Dummen spielen, wenn man in Wirklichkeit schlau ist, ist nicht immer ganz leicht. Frauen sind hier im Vorteil, weil Männer gemeinhin annehmen, Frauen seien weniger kompetent oder intelligent als Männer. Ein Beispiel dafür ist Sandra Kurtzig, die im Alter von 24 Jahren in Silicon Valley die Softwarefirma Ask Computer Systems gründete und mit 42 als Chefin des 200-Millionen-Unternehmens zurücktrat, um ihre Autobiographie zu schreiben. Daß sie Frau war, half ihr, erfolgreich zu sein, sagt sie, weil Männer sie nicht als wirkliche Konkurrenz ansahen, ihr bereitwillig mit Rat und Tat zur Seite standen und die Firma in ihrem Sinn leiteten.

Den Dummen spielen kann in persönlichen Beziehungen mehreren Zwecken dienen. Wenn man jemanden gerade kennenlernt, wird dieser mehr über sich und seinen Charakter offenbaren, wenn man sich dumm stellt. Wenn man einer Beziehung einen Schuß Leichtigkeit geben will, ist es eine harmlose Art, jemanden aufzuziehen, sich dumm zu stellen und dann den Scherz zu offenbaren. Wenn Ihr Ehepartner oder Ihr Kind immer abwartet, was Sie sagen, bevor er oder sie eine Meinung äußert oder eine Entscheidung trifft, so kann es sie ermutigen, für sich selbst zu denken, wenn Sie den Dummen spielen.

*Im Angesicht des Todes überlebt,*
*wer bereit ist, zu sterben; wer aber*
*unbedingt leben will, stirbt.*
                    *(Wu Zheng,*
        *Stratege der Qing-Dynastie)*

## LIST

# 28 上屋抽梯

*Shang wu chou ti*

**Zieh die Leiter nach dem Auf-
stieg weg**

Diese List läßt sich auf verschiedene Weisen deuten, aber die gängigste Bedeutung ist, den Feind in eine Falle zu locken und ihm dann den Fluchtweg abzuschneiden. Verschiedene Typen von Feinden können auf verschiedene Weise gelockt werden – der habgierige Feind mit der Aussicht auf Gewinn, der arrogante Feind mit einem Zeichen der Schwäche, der unbeugsame Feind durch eine List.

Die Leiter wegziehen kann auch bedeuten, die eigenen Freunde oder potentiellen Verbündeten in eine Krisensituation zu stürzen, die sie zwingt, neuartige Problemlösungen zu finden.

Der spanische Conquistador Cortez setzte diese List ein, als er
seine Schiffe nach der Landung im heutigen Veracruz in Mexi-
ko verbrannte, damit seine Leute ihn nicht unter Druck setzen
konnten, heimzufahren. Sie hatten die Wahl, entweder zu erobern oder umzukommen – und in der Tat, sie eroberten.

Liu Qi, der Erbe eines Lehens in der Zeit der Drei Reiche, hatte mit vielen Problemen zu kämpfen; er zog einmal eine Leiter
weg, um den brillanten Berater des Führers Liu Bei, den berühmten Zhuge Liang, zu zwingen, ihm zu helfen.

Der älteste Sohn eines Kriegsherrn, der Liu Bei Asyl gewährt
hatte, bat diesen um Hilfe, um eine Herausforderung durch
seine Stiefmutter und seinen Halbbruder abzuwehren. Liu Bei
wollte helfen, aber als er Zhuge Liang um Rat bat, mochte
dieser sich nicht in etwas einmischen, was er als Familienange-
legenheit sah.

Trotzdem schickte Liu Bei Zhuge Liang am nächsten Tag zu
Liu Qi. Liu Beis Anweisungen entsprechend lockte dieser ihn
mit dem Versprechen, ihm ein seltenes, altes Buch zu zeigen,
in das Obergeschoß eines Hauses. Als Zhuge Liang zum Trep-
penhaus zurückkam, um heimzugehen, stellte er fest, daß man
die Treppen entfernt hatte. Diesesmal kam er Liu Qis Bitte um
Hilfe nach und lieferte ihm einen Plan, wie er der Ermordung
durch seine Verwandten entgehen konnte.

In einer Geschichte über die Konsolidierung der Westlichen
Han-Dynastie wurde die Leiter weggezogen, um die eigenen
Verbündeten zu entscheidendem Handeln zu zwingen. Nach
der Gründung der Dynastie entsandte Liu Bang seinen besten
General Han Xin nach Nordchina, um das noch immer wider-
spenstige Lehen Zhao zu unterwerfen. Zuerst schickte Han
Xin heimlich zwei Kavalleriedivisionen an die Flanken des La-
gers von Zhao. Inzwischen ließ er 10000 Mann einen Fluß
überqueren und mit dem Rücken zum Fluß Aufstellung zur
Schlacht nehmen – ein Verstoß gegen ein gängiges Prinzip der
Schlachtanordnung.

Als nächstes schickte Han Xin eine Division zu einem kurzen
Scheingefecht hinaus. Dann ließ er seine Soldaten einen unge-

ordneten Rückzug antreten, der den Feind verlockte, ihnen nachzusetzen. Han Xin hatte die Truppen so am Fluß aufgestellt, daß sie nicht weiter fliehen konnten, und er schrie ihnen zu, sie hätten keine andere Wahl, als zu kämpfen. Von ihrem eigenen Feldherrn in diese Falle gezwungen, kämpften Han Xins Truppen wahrhaftig verzweifelt.

Die Truppen von Zhao zogen sich verblüfft zu ihrem Lager zurück, nur um dort Tausende von Han-Flaggen im Wind wehen zu sehen. Die Flaggen waren von der Kavallerie aufgepflanzt worden, die sich in der Nähe versteckt hatte, doch die Soldaten von Zhao meinten, das Lager sei überrannt worden, und stoben in alle Richtungen auseinander. In dem Handgemenge wurde der Feldherr von Zhao getötet, und der aufsässige König wurde gefangengenommen.

Die Technik, die Han Xin auf seine Truppen anwandte, hat Parallelen in der Wirtschaft. ,,Management by crisis" – die Praxis, ein Unternehmen in eine prekäre Situation zu manövrieren, um eine erwünschte Reaktion zu provozieren – beruht auf der Voraussetzung, daß Menschen unter krisenhaften Bedingungen schneller entscheiden, kreativer Probleme lösen, schwere Aufgaben resoluter angehen und eher bereit sind, Härten hinzunehmen, als in normalen Zeiten. Management by crisis ist ein manchmal riskantes, aber oft wirksames Mittel, um Enthusiasmus, Verantwortlichkeit und Produktivität von Mitarbeitern zu stimulieren.

Frank Lorenzo ging so vor, als seine finanziell angeschlagene Continental Airlines Konkurs anmeldete. Durch diesen drastischen Schritt konnte er Tarifverträge brechen, seine Belegschaft gesundschrumpfen, Löhne kürzen und einseitig neue Lohn- und Arbeitsregeln einführen. Heute ist Continental wieder gesund und kann im Wettbewerb um den Personenflugverkehr mithalten. Als er dasselbe mit Eastern Airlines versuchte, kannten die Arbeitnehmer allerdings das Spiel schon und machten nicht mit.

Die hohe Produktivität in modernen kapitalistischen Ländern läßt sich zum Teil auf einen allgemeineren Kriseneffekt zurückführen – die Drohung der Arbeitslosigkeit. Die Unsicherheit des Arbeitsplatzes läßt die Menschen härter arbeiten. Die Führung der Volksrepublik China hat diese Tatsache just wiederentdeckt und schafft die Praxis der lebenslangen Anstellung im Zuge ihrer marktorientierten Reformen stufenweise ab.

Sich selbst die Leiter wegzuziehen kann ein Mittel sein, zu beeindrucken, zu erschrecken oder etwas deutlich zu machen. Die Draufgänger, die den Niagarafall auf einem Drahtseil überqueren oder sich am World Trade Center abseilen, sind hier Extremfälle; sie lassen sich keinen Ausweg aus ihrer Zurschaustellung von Todesverachtung.

Die Wirksamkeit dieser List beruht auf ihrer Unberechenbarkeit. Wer die Leiter wegzieht, schafft eine Situation, deren Konsequenzen man zwar selbst herbeigeführt, aber dann nicht mehr unter Kontrolle hat. Eine Krise kann am Arbeitsplatz ebensogut die Moral untergraben wie die Innovation anregen. Die Konkursmeldung kann dem Ruf Ihrer Firma irreparablen Schaden zufügen, selbst wenn Sie sich dadurch freikaufen. Arbeitslosigkeit kann in einem Wirtschaftssystem zu politischen Unruhen führen. Und natürlich kann man von einem Drahtseil herunterfallen. Deshalb sollte man diese List mit weit offenen Augen einsetzen und bedenken, daß sie ,,nach hinten losgehen" kann.

*Ein schlauer Fuchs, der von einem hungrigen Tiger gefangen wurde, protestierte: „Du wagst es nicht, mich zu fressen, denn ich bin allen anderen Tieren überlegen, und wenn du mich frißt, wirst du die Götter erzürnen. Wenn du mir nicht glaubst, komm nur mit und sieh, was geschieht." Der Tiger folgte dem Fuchs in den Wald, und alle Tiere rannten fort, sobald sie sie sahen. Der Tiger war beeindruckt – er begriff nicht, daß er selbst die Ursache der Furcht war – und ließ den Fuchs laufen.*

*(Chinesische Fabel)*

## LIST
# 29 樹上开花

*Su shang kai hua*

**Schmücke den Baum mit falschen Blüten**

Mit dieser List können Sie stark wirken, selbst wenn Ihre tatsächlichen Kräfte minimal sind. Der Ausdruck, der sie beschreibt, stammt von Kaiser Yangdi aus der Sui-Dynastie (581–618), der berühmt für den Bau des Großen Kanals war, aber auch berüchtigt für seinen ausschweifenden, protzigen Lebensstil.

Yangdi organisierte oft riesige Konzerte, bei denen bis zu 18000 Musiker gleichzeitig spielten. Um reisende Kaufleute aus Zentralasien zu beeindrucken, befahl er den Wirten, den Besuchern kein Geld abzunehmen und ihnen zu sagen, China sei so reich, daß niemand für sein Essen bezahlen müsse. Im Winter befahl der Kaiser, alle kahlen Bäume in der Hauptstadt Loyang mit Seidenblumen zu schmücken, um die Illusion von Frühling zu schaffen.

Trotz aller dieser Listen ließen sich die Besucher nicht täuschen und fragten, warum der Kaiser die Seide nicht benutzte, um die zerlumpten Bettler auf den Straßen zu kleiden. Von dort an wurde „den Baum mit falschen Blüten schmücken" ein Ausdruck für „mehr scheinen als sein".

Ein Meister des Schmückens mit falschen Blüten, um Aufstände zu unterdrücken, war Yu Xu, ein Beamter in der Östlichen Han-Dynastie. Als er zum Gouverneur der Stadt Wudu ernannt wurde, versuchte der Minderheitenstamm der Qiang, ihm den Weg dorthin an einem Paß zu versperren. So ließ er das Gerücht durchsickern, er habe bei Hof um Verstärkung gebeten, und die Rebellen gingen in die umliegenden Städtchen, um zu plündern, während sie auf die Verstärkung warteten. Yu Xu brach mit Leichtigkeit durch den nur noch schwach verteidigten Paß.

Als die Rebellen das hörten, kamen sie zurück, um ihn zu verfolgen. Yu Xu stürzte die Verfolger in schreckliche Verwirrung, indem er seinen Soldaten befahl, die Zahl der Lagerfeuer jedesmal zu verdoppeln, wenn sie zum Essen Rast machten, und sie gelangten sicher nach Wudu. Dort warteten etwa 3000 Qiang, aber gut 10000 hatten die nahegelegene Stadt Chiting belagert. So schickte Yu Xu ein Kommando nach Chiting, um sie nach Wudu zu locken. Als die Qiang-Rebellen nach Wudu kamen, schossen Yu Xus Soldaten mit kleinen Bögen wirkungslose, kümmerliche Pfeile ab; dies machte den Rebellen Mut, näherzurücken. Als sie gerade die Stadt stürmen wollten, schossen Yu Xus Soldaten mit riesigen Kreuzbögen einen Hagel von Pfeilen ab, so daß alle Rebellen in den ersten Reihen fielen und die übrigen flohen.

Am nächsten Tag ließ Yu Xu alle vier Stadttore von Wudu öffnen. Er ließ alle seine Truppen durch das Nordtor aus der Stadt hinaus- und durch das Osttor wieder hineinmarschieren; daraufhin zogen sie sich andere Uniformen an und gingen noch einmal durch das Nordtor hinaus und durch das Osttor hinein. Als die Rebellen dies sahen, glaubten sie, es seien weit mehr Truppen da, als sie ursprünglich gedacht hatten, und traten den Rückzug an. Sie tappten direkt in einen Hinterhalt und wurden vernichtend geschlagen. Nie wieder legten sich die Qiang mit Yu Xu an.

Die Vermehrung der Lagerfeuer und das Marschieren aus der Stadt und in die Stadt waren Anwendungen der List, den Baum mit falschen Blüten zu schmücken; die Truppen sollten dadurch stärker aussehen, als sie tatsächlich waren. Auch der Einsatz kümmerlicher Schußwaffen war eine Anwendung dieser List, um Schwäche vorzutäuschen. Generell greifen die Schwachen zu ihr, um die Starken abzuwehren. Natürlich können die Starken sich als noch stärker darstellen, um Rivalen abzuschrekken, oder als schwächer, um Feinde hinters Licht zu führen.

Mao Zedong kann durchaus im Sinn gehabt haben, den Baum mit falschen Blüten zu schmücken, als er den USA in den frühen 1970er Jahren Avancen machte. Angesichts der chinesisch-sowjetischen Grenzkonflikte war Mao diese neue Beziehung willkommen, die China vielleicht mächtiger aussehen ließ, als es wirklich war.

Während des gesamten Kalten Krieges mißtrauten Amerikaner und Sowjets einander so sehr, daß jede Seite annahm, die andere schmücke den Baum immer mit falschen Blüten. Obwohl die feindselige Rhetorik nachgelassen hat, ist das Mißtrauen stellenweise geblieben. Manche amerikanischen Beobachter sagen noch immer, der sowjetische Rückzug aus Afghanistan, die neue Nichteinmischung in Osteuropa und die ehrgeizigen Versuche mit Glasnost und Perestroika gehörten allesamt zu einem Gesamtplan, um den Westen in trügerischer

Sicherheit zu wiegen. Amerikanische Meinungsführer – von
Außenminister James Baker bis Pepsico-Chef Donald Kendall
– sehen jedoch zunehmend echte Blüten.
Politik und Diplomatie bieten noch immer reichlich Gelegenheit zu phantasievollen Behauptungen, die sich nicht unbedingt mit der Wahrheit decken müssen. Francis Fukuyama,
ein Beamter des Außenministeriums in der Bush-Administra-
tion, wurde mit einem Artikel über „Das Ende der Geschichte" im Handumdrehen der Liebling der Neokonservativen;
Kritiker hingegen bezeichneten seine Argumente als absurd.
Der altgediente Time-Korrespondent Strobe Talbott änderte
den Titel des Artikels in „Der Anfang des Unsinns".
In der Wirtschaft kann man beim Marketing den Baum mit
falschen Blüten schmücken. Ein Unternehmen, das versucht,
den Anschein von Nachfrage für ein neues Produkt zu erwecken, wenn die Verbraucher noch gar nicht von dem Produkt wissen, wendet diese List an. Als die japanische Elektronikfirma Sanyo 1952 ein Radio mit einem Gehäuse aus Spritz-
gußplastik einführte und die Händler nicht sonderlich begierig darauf waren, schickte sie Verkäufer aus, die so taten, als
seien sie Käufer und suchten speziell dieses Modell. Innerhalb
von zwei Jahren verdoppelte sich der Absatz, und Sanyos
Marktanteil bei Radios wurde zum zweitgrößten nach Na-
tional.
Den Baum mit falschen Blüten schmücken ist natürlich ein er-
probter und bewährter Trick für das Schreiben von Lebensläu-
fen. Statt zu schreiben, daß Sie einen Sommer auf Onkel Joes
Ruderboot verbracht haben, geben Sie an, Sie hätten „mit Erfolg die regionale Navigationsstrategie implementiert". Allzu
prächtige Ausschmückungen sollten Sie allerdings vermeiden,
denn ein Arbeitgeber in spe merkt es gemeinhin, wenn etwas
zu gut klingt, um wahr zu sein.
Die Wahrheit zu strapazieren, um sich im besten Licht zu zeigen, mag eine allgemein menschliche Neigung sein, die vom
amerikanischen Individualismus und Konkurrenzdenken
obendrein verstärkt wird. Doch Understatement kann ebenso

großen Eindruck machen. Tatsächlich könnten Leute, die Sie als Person oder möglichen Mitarbeiter beurteilen, Bescheidenheit als erquickliche Abwechslung empfinden. Halten Sie Ihre Briefe bei Bewerbungen kurz und sachlich, und lassen Sie Ihre Referenzen, Zeugnisse und Leistungsnachweise für sich sprechen. Lassen Sie Ihre Persönlichkeit und Ihre Taten über Sie Auskunft geben, wenn Sie Freundschaften schließen. Manchmal ist es wirkungsvoller, den Baum bis auf die Äste zu entblößen, als ihn künstlich hübsch zu machen. Und nachher kann niemand Ihnen Irreführung vorwerfen.

*Angriff ist die beste Verteidigung*
*(Chinesisches Sprichwort)*

**LIST**

# 30 反客為主

*Fan ke wei zhu*

**Laß Gastgeber und Gast die
Plätze tauschen**

In der chinesischen Militärterminologie ist einer, der sich zu
einem Kampf aus seinem eigenen Territorium herauswagt, der
„Gast", und einer, der sein Territorium verteidigt, ist der
„Gastgeber". Die Beziehungen zwischen Gast und Gastgeber
können sich verschieden gestalten. Manchmal ist der Gast in
einer starken Position, von einem schwachen Gastgeber eingeladen, um ihm zu helfen. Manchmal ist der Gast schwach und
muß sich zeitweise auf einen starken Gastgeber stützen. Gewöhnlich ist der Gastgeber im Vorteil, weil er mit den Gege-
benheiten und der Situation vor Ort vertraut ist.

Der Gastgeber konzentriert sich im typischen Fall darauf, die Logistik des Gastes lahmzulegen, während der Gast das Hauptquartier des Gastgebers ins Visier nimmt. Der Gast kann auf verschiedene Weisen den Platz mit dem Gastgeber tauschen – indem er seine Kräfte aufbaut, bis er stark genug ist, den Gastgeber zu überwältigen, indem der den Feind unter dem Vorwand der Freundschaft infiltriert und dann allmählich die Kontrolle übernimmt, oder indem er in das Gebiet einrückt, nachdem er den Feind herausgelockt hat.

Eine beliebte Peking-Oper mit dem Titel „Xiang Yu sagt Yuji Lebewohl" erzählt eine Geschichte, die aus Xiang Yus Anwendung dieser List resultierte. Xiang Yu und Liu Bang waren zwei Führer von Aufständen gegen die Qin-Dynastie. Durch geschicktes Manövrieren lenkte Liu Bang die Hauptkräfte der Qin-Armee von sich ab und gelangte in die Hauptstadt von Qin, während Xiang Yu an anderer Stelle in eine große Schlacht verwickelt war. Der Kaiser von Qin ergab sich Liu Bang mit einer Schlinge aus weißem Band um den Hals und dem Staatssiegel aus Jade in der Hand.

Liu Bang, der einst ein bescheidener Dorfvorsteher gewesen war, war von der Pracht des Kaiserpalastes geblendet und von der Schönheit der Hofdamen bezaubert. Als er jedoch gerade einen vergnügten Abend beginnen wollte, ermahnte ihn ein Berater, nichts zu tun, was seinem Ruf schaden könnte. Der Berater sagte, Xiang Yu sei mit viermal so starken Truppen im Vorteil, und Liu Bang könne es sich nicht leisten, die öffentliche Meinung gegen sich zu haben. Tatsächlich war Xiang Yu der „Gastgeber" und Liu Bang nur ein „Gast".

Liu Bang sah dieses Argument ein. Er verließ den Palast, zog seine Truppen in eine Nachbarstadt zurück und gab Edikte heraus, die die Rechtsstaatlichkeit stärkten und gleichzeitig die scharfen Gesetze der Qin abschafften. Er tat so, als habe er nicht die Absicht, den Thron zu übernehmen. Kurz danach überließ er Xiang Yu kampflos die Hauptstadt.

Innerhalb weniger Jahre hatte Liu Bang seine Armee aufgebaut und fühlte sich stark genug. Die Entscheidungsschlacht

wurde in der heutigen Provinz Anhui in Ostchina geschlagen.
Xiang Yu wurde besiegt und schickte sich an zu fliehen. Seine
Lieblingskonkubine Yuji schnitt sich mit seinem Schwert die
Kehle durch, um ihm nicht zur Last zu fallen, und noch auf
der Flucht kam er zu dem Schluß, daß sich das Leben nicht
mehr lohnte, und tötete sich mit demselben Schwert.
In der modernen Zeit haben wir mehrere große Beispiele dafür, daß der Gast an die Stelle des Gastgebers trat. Die Amerikaner in Vietnam, die Vietnamesen in Kambodscha und die
Sowjets in Afghanistan – sie alle behaupteten, sie seien gela-
dene Gäste, und sie alle nahmen in den Angelegenheiten jener
Länder eine Gastgeber- und Führungsrolle an. Als die Regierung von Sri Lanka die indische Armee als Friedenstruppe
einlud, um ihr bei der Unterdrückung des Tamilenaufstandes
im Norden zu helfen, gab es auf dieser kleinen Insel bald
ebenso viele indische wie einheimische Soldaten und Polizi-
sten. In einer solchen Situation wäre es dem Gast ein Leichtes,
den Platz mit dem Gastgeber zu tauschen.
Die Wirtschaft ist eine Arena, wo Gastgeber und Gäste ständig die Plätze tauschen. Wenn Manager nachlassen, nehmen
gewöhnlich ihre Untergebenen ihre Position ein. Ein bekanntes Beispiel hierfür ist John Sculley, der Präsident und Ge-
schäftsführer von Apple Computer. Sculley kam ursprünglich
als Gast in diese Firma. Gastgeber war der Gründer Steve
Jobs. Sculley kritisierte Jobs Management immer häufiger,
und Jobs wurde immer verwundbarer, als es mit der Firma finanziell bergab ging. Schließlich verdrängte Sculley Jobs und
wurde der Gastgeber.
Firmen, die spezialisierte Nischen in der Computerbranche
ausfüllen, beginnen oft als Gäste und werden zu Gastgebern.
Hersteller von vernetzten Geräten wie Workstations und Ser-
vern bringen Produkte auf den Markt, die mit existierenden
Rechnern kompatibel sind, damit die Käufer sie leicht in
schon vorhandene Systeme einbauen können. Wenn die Gerä-
te sich durchsetzen, werden schließlich neue Systeme um sie
herumgebaut.

Xiang Yu ist auf Liu Bangs List hereingefallen, „Gastgeber und Gast die Plätze tauschen zu lassen"; er sagt seiner Lieblingskonkubine Yuji Lebewohl, die sich die Kehle durchgeschnitten hat, und schickt sich an, das Gleiche zu tun.

Gastgeber und Gast die Plätze tauschen lassen kann im Alltag
der menschlichen Beziehungen nützlich sein. Ihr Leben lang
sind Sie Gast im Territorium sehr vieler Gastgeber – Ihrer Eltern, Ihrer Lehrer, Ihres Chefs, manchmal sogar Ihres Ehe-
partners. Manchmal reicht eine kleine Geste, um die Situation
ins Gleichgewicht zu bringen. Wenn Sie Ihrem Professor eine
Tasse Kaffee bringen, hilft das, die Beziehung auszugleichen.
Wenn Sie Ihren Abteilungsleiter zum Abendessen einladen,
kann es leichter sein, um die Gehaltserhöhung zu bitten. Wenn
Sie Ihre Frau oder Ihren Mann ins Kino ausführen, haben Sie
die Initiative ergriffen.

In häuslichen Belangen übernehmen Frauen leicht die Gastgeberrolle, manchmal ohne es zu merken. Damit können sich
beide Partner wohlfühlen, bis ihr Leben sich verändert – die
Frau eine anspruchsvollere Stellung bekommt, ein Baby geboren wird, die Kinder aus dem Haus gehen, der Mann pensio-
niert wird. Die ideale Situation ist natürlich, daß man sich mit
der Gast- und Gastgeberrolle abwechselt.

# Teil VI
# Listen für Zwangslagen

*Diese Listen sind für die Schwachen da. Sie können das letzte Mittel in der Not sein. Sie raten zu Schlägen unter die Gürtellinie, zu Drohungen und gespielter Tapferkeit, sogar zur Selbstzerstörung. Wenn die ersten fünf von ihnen nichts fruchten, kann man es immer mit der letzten versuchen: Weglaufen. Viel Glück!*

*Kein Mann kann durch den Paß*
*der Schönheiten brechen.*
*(Chinesisches Sprichwort)*

**LIST**

# 31

*Mei ren ji*

**Benutze eine Frau, um einen Mann zu ködern**

Diese List wird seit Urzeiten angewendet. Wenn man es mit einem starken, entschlossenen und einfallsreichen Feind zu tun hat, kann die Verlockung des anderen Geschlechts der einzige Weg sein, seinen Willen zu brechen. In einem allgemeineren Sinn bedeutet eine Frau benutzen, um einen Mann zu ködern, den Gegner mit etwas Unwiderstehlichem in Versuchung zu führen. England eroberte Chinas Küstenstreifen Mitte des 18. Jahrhunderts mit Kanonenbooten – aber was die Chinesen dann hundert Jahre lang in der Sklaverei hielt, war das Opium.

Chinas Geschichte ist voller lüsterner Männer, die durch ihre Schwäche für Frauen zu Fall kamen. Dieses Schicksal ereilte den skrupellosen Militärführer Dong Zhuo, der am Hof der Östlichen Han die Macht an sich riß (vgl. List 14) – und er verdiente es.

Dong Zhuo war nicht nur in seiner Lüsternheit, sondern auch in seiner Grausamkeit extrem. Er zog 250000 Zwangsarbeiter ein, um eine prächtige Stadt zu bauen, und rekrutierte 800 junge Schönheiten für den Dienst in dem Palast dort. Im nächsten Jahr zwang er den kindlichen Marionettenkaiser Xiandi, ihn zum kaiserlichen Berater zu ernennen. Mit großem Gepränge und Fanfaren pflegte er zwischen seiner Stadt und der kaiserlichen Hauptstadt Changan (dem heutigen Xian) hin- und herzureisen. Oft gab er riesige Feste in Zelten vor der Hauptstadt, wo er immer grauenhaftere und sadistischere Unterhaltung verlangte. Einmal ließ er mehrere hundert Gefangene vor seinen Gästen zu Tode foltern – die Augen ausquetschen, Ohren abreißen, Nasen und Penisse amputieren. Später begann er, Hofbeamte nach Lust und Laune zu töten. Der Henker war der mächtigste Krieger jener Zeit, Lu Bu, den Dong Zhuo mit Gold und Pferden gewonnen hatte und als Sohn adoptierte.

Am Hof von Han begann ein hoher Beamter namens Wang Yun darüber nachzudenken, wie man Dong Zhuo das Handwerk legen könnte. Dong Zhuo schien unbesiegbar – er trug immer seine Rüstung unter den Gewändern, und der furchteinflößende Lu Bu war oft an seiner Seite. Der Machthaber hatte schon mehrere Herausforderer abgewehrt.

Wang Yun wußte nicht, was er tun sollte, bis er in einer schlaflosen Nacht in seinem Garten spazierenging und das hübsche sechzehnjährige Singmädchen Diaochan sah, das er von Kindheit an wie eine Tochter aufgezogen hatte. Sie betete vor einem Weihrauchkessel. Diaochan bemerkte die Verzweiflung ihres Herrn und wollte ihm helfen. Er schüttete ihr sein Herz aus, und gemeinsam schmiedeten sie einen Plan, um das Land von dem Tyrannen zu befreien.

Als erstes schickte Wang Yun Lu Bu eine perlenbesetzte Gold-
krone. Lu Bu war entzückt und kam persönlich, um Wang Yun
zu danken. Dieser gab ein Fest für ihn und schmeichelte ihm
wortreich. Nach einigen Bechern Wein rief Wang Yun Diaochan herein, und sie zog Lu Bu in ihren Bann. Wang Yun sagte, sie sei seine jüngste Tochter, und bot sie Lu Bu zur Frau an.
Lu Bu willigte sofort ein. Wang Yun sagte, er werde einen
glückverheißenden Tag wählen, um sie zu ihm zu schicken.
Einige Tage später, als Lu Bu nicht da war, lud Wang Yun
Dong Zhuo zu einem Festessen ein. Der Machthaber kam mit
einem Bataillon von Leibwächtern. Dong Zhuo und Wang
Yun aßen und tranken vom Mittag bis zum Abend, und dann
führte Wang Yun Dong Zhuo in ein Hinterzimmer, rief Diaochan herein und ließ sie singen und tanzen. Dong Zhuo war
nicht weniger verzaubert als Lu Bu. Wang Yun bot sie auch
ihm an, und Dong Zhuo nahm sie am selben Tag mit zu sich.
Als Lu Bu erfuhr, daß Diaochan bei Dong Zhuo war, stellte
er Wang Yun wütend zur Rede. Wang Yun erklärte, Dong
Zhuo wisse von der Verlobung und habe nur die Braut abge-
holt, weil es ein glückbringender Tag war. Er versicherte Lu
Bu, die Braut und ihre Mitgift stünden ihm in einigen Tagen
zur Verfügung. Unterdessen war Dong Zhuo mit Diaochan
zusammen und wurde immer verliebter.
Diaochan spielte Lu Bu und Dong Zhuo meisterlich gegenein-
ander aus. Als Lu Bu endlich Gelegenheit hatte, sie allein zu
sehen, gab sie vor, Dong Zhuo habe sie gezwungen, ihm zu
dienen. Lu Bu schwor, sie zu retten. Als Dong Zhuo sie in einer Umarmung ertappte und Lu Bu fortlief, gab sie vor, Lu Bu
habe versucht, sie zu vergewaltigen. Dong Zhuo schwor, sie zu
schützen.
Wang Yun ermutigte den verzweifelten Lu Bu auf subtile Weise, seinen Anspruch auf Diaochan geltend zu machen. Als
Dong Zhuo eines Tages zu einem Treffen mit dem jungen Kaiser in die Hauptstadt kam, schnitt ihm Lu Bu daraufhin die
Kehle durch. Der Kopf des bösen Machthabers wurde dem
Kaiser präsentiert und der Körper auf der Straße verbrannt.

So rettete Diaochan das Reich vor der weiteren Unterdrückung durch den Tyrannen. Die Han-Dynastie konnte sie allerdings nicht retten. Ihr Herr wurde von Truppen getötet, die Dong Zhuo loyal waren, und sie ging in den Kriegswirren verschollen. Ein anderer Machthaber, Cao Cao, fand schließlich Lu Bu, richtete ihn hin und brachte den Thron in seine Gewalt. Die Östliche Han-Dynastie starb bald aus, und es folgte die Periode der Drei Reiche.

Diaochans Mission war mörderisch, doch oft dienten Frauen in der chinesischen Geschichte friedlichen Zwecken. Ein Han-Kaiser schickte Zhaojun, eine Schönheit von seinem Hof, als Friedensgeschenk an den Häuptling der mächtigen, nomadischen Hunnen. Und Kaiser Taizong von der Tang-Dynastie schmiedete im Jahr 680 ein berühmtes Bündnis, indem er seine Tochter mit dem König des alten Tibet verheiratete.

Alexander der Große versuchte mit einer ähnlichen Taktik, in den Reihen seiner eigenen Armee den Frieden zu erhalten: Nachdem er im 4. Jahrhundert v. Chr. Zentralasien erobert hatte, warb er zuerst um die Gunst seiner neuen Untertanen, indem er das Gewand und die Krone eines persischen Monarchen anlegte. Dies erregte jedoch die Eifersucht seiner mazedonischen Feldherren. So arrangierte er einige Ehen zwischen diesen Offizieren und persischen und babylonischen Frauen. Leider erlebte er die von ihm erstrebte Einheit nicht mehr – nach einem Trinkgelage in Babylon zog er sich ein Fieber zu, an dem er 323 v. Chr. starb; sein Riesenreich fiel daraufhin auseinander.

In der modernen Spionage hat es sich als wirksames Mittel erwiesen, einen Mann mit einer Frau zu ködern – oder eine Frau mit einem Mann. Einer der berühmtesten Fälle der jüngsten Vergangenheit ist der Amerikaner Richard Miller. Der einstige FBI-Agent wurde angeklagt, seiner sowjetischen Geliebten, die sich zusammen mit ihrem Mann der Spionage schuldig bekannte, Geheimnisse verkauft zu haben. In einem anderen Fall soll der israelische Geheimdienst eine Drusin benutzt haben, um einen syrischen Militärpiloten zu ködern, der mit einem in der Sowjetunion gebauten Kampfflugzeug desertierte.

Diese List ist auch für Attentate verwendet worden. Als die Sandinisten kämpften, um den nicaraguanischen Diktator Anastasio Somoza zu stürzen, benutzten sie eine Frau, um einen der wichtigsten Generäle Somozas in eine Todesfalle zu locken.

Wir wissen, daß so angesehene Präsidenten wie Franklin D. Roosevelt und John F. Kennedy außereheliche Abenteuer hatten. Selbst der verehrte Martin Luther King Junior verstieß gegen sein eigenes Verbot von außerehelichem Sex – und dem FBI gelang es fast, ihn damit zu erpressen. In diesem Zeitalter des Enthüllungsjournalismus können Berichte über Affären vernichtend sein. Gary Hart wurde in Gesellschaft einer Frau entdeckt, die nicht seine Frau war, und hatte damit die Vorwahlen zur Präsidentschaftswahl von 1988 verloren. Der Kongreßabgeordnete Barney Frank aus Massachusetts, ein heller Kopf, Liberaler und erklärter Homosexueller, geriet 1989 in die größte Krise seiner Laufbahn, als ein ehemaliger Partner eine schmutzige Darstellung ihrer Beziehung abgab. Diese Ereignisse müssen kein republikanisches Komplott gewesen sein, aber seine politischen Gegner hatten zumindest eine diebische Freude daran.

Die offensichtlichste kommerzielle Anwendung der List, einen Mann mit einer Frau zu ködern, ist der allgegenwärtige Einsatz von sexy Models oder Anspielungen auf Sex in der Werbung. Die allgemeinere Form dieser List, bei der mit den verschiedensten Versuchungen gearbeitet wird, liegt immer dann vor, wenn Geschäfte mit Provisionen oder Bestechungen aller Art geschmiert werden.

Es kann unter manchen Umständen zu rechtfertigen sein, Leute mit Versuchungen in eine Falle zu locken, doch es kann auch wie ein Bumerang wirken, denn es ist leicht als unfair zu erkennen. 1982 sahen Millionen Fernsehzuschauer in Amerika, daß John DeLorean an einem 60-Millionen-Dollar-Drogendeal beteiligt war, der sich als Trick des FBI herausstellte. Sein Freispruch hatte wahrscheinlich auch damit zu tun, daß den Geschworenen die Idee nicht gefiel, daß die Re-

gierung ihn hereingelegt hatte. Gemischte Gefühle hatten die
Geschworenen auch im Fall des angeklagten Spions Richard
Miller – sein erstes Verfahren endete mit Freispruch, und obwohl er bei einem zweiten Verfahren verurteilt wurde, gewann
er ein drittes, das eröffnet wurde, weil die Ergebnisse von Lü-
gendetektortests unerlaubterweise als Beweismittel zugelassen
worden waren. Ebenso gemischt waren die Gefühle bei dem
Verfahren gegen Bürgermeister Marion Barry von Washington
D. C. nach einem eingefädelten Kokaindeal.
Köder zu verwenden, um Freunde zu gewinnen und Menschen
zu beeinflussen, ist sogar noch fragwürdiger. Ihren Kindern
mit Belohnungen zu winken, mag kurzfristig als eine wirksame Technik erscheinen, um sie zu etwas zu bewegen, aber Kinder, die an solche Geschäfte gewöhnt werden, tun sich langfristig schwerer damit, Selbstachtung und moralische Kriterien
für ihr Verhalten zu entwickeln. Und andere Beziehungen, die
auf einer Quid-pro-quo-Basis beruhen, können sich nie zu etwas sehr Tiefem und Vertrauensvollem entwickeln.

*Lasse einen Hohlraum hohl erschei-*
*nen, und dein Feind wird vermuten,*
*daß du in Wirklichkeit massiv bist.*
*(Caolo Jinglue, Die*
*Listen des strohgedeckten Hauses)*

**LIST**

# 32 空城什

*Kong cheng ji*

**Stoße die Tore der leeren
Stadt auf**

Diese List ist angebracht, wenn man in einer völlig prekären Lage ist. Ihr Erfolg beruht auf der Neigung der Menschen, zu bezweifeln, was offen eingestanden wird. Wenn man absolut keine Möglichkeit hat, sich zu verteidigen, und diese Situation dem Feind offenbart, wird er wahrscheinlich das Gegenteil annehmen.

Diese List hat ihren Namen von einer der denkwürdigsten Taten des großen Strategen Zhuge Liang. Er lebte in der Zeit, als die Han-Dynastie verfiel und die Drei Reiche entstanden, die sie dann ablösten. Als Berater des Liu Bei hatte Zhuge Liang die Pläne entworfen, die zur Gründung des Königreiches Shu in Südwestchina führten. Später wurde er Premierminister von Shu. In dieser Eigenschaft führte er fünf Feldzüge gegen das Königreich Wei, in dem Liu Beis Erzrivale Cao Cao regierte. Auf einem dieser Feldzüge im Jahr 228 verhinderte er mit dieser List, die Tore einer leeren Stadt aufzustoßen, einen Angriff, der vernichtend gewesen wäre.

Um Zhuge Liang am Vordringen zu hindern, griff der Wei-Feldherr Sima Yi die kleine, aber strategisch wichtige Stadt Jieting an. Der Shu-General, der die Verteidigung der Stadt übernahm, hatte ein Lager auf einem Hügel gebaut, und dies erwies sich als verhängnisvoller Fehler: Sima Yi umzingelte das Lager mit Leichtigkeit und schnitt ihm die Wasserversorgung ab, so daß die halb verdursteten Soldaten von Shu ihre eigenen Befestigungsanlagen durchbrechen und sich ergeben mußten. Alarmiert über den Verlust von Jieting schickte Zhuge Liang einen Teil seiner Truppen zurück; nur 2500 Mann behielt er in seinem Hauptquartier in der Stadt Xicheng. Unterdessen rückte Sima Yi mit 150000 Mann weiter gegen Xicheng vor, entschlossen, den Strategen von Shu gefangenzunehmen. Zhuge Liang stockte der Atem, als er auf die Stadtmauer stieg und zwei lange Staubspuren sah, die sich wie Drachen in der Ferne erhoben. Unverzüglich befahl er, alle Shu-Flaggen einzuholen und die Stadttore weit aufzustoßen. An jedes Tor stellte er zwanzig Soldaten, die als Zivilisten verkleidet die Straße fegten. Alle übrigen Soldaten mußten sich in den Wachposten auf der Stadtmauer verstecken; jeder, der sich zeigte oder laut sprach, würde auf der Stelle geköpft. Dann stieg Zhuge Liang selbst in einem langen, fließenden Gewand auf die Stadtmauer, setzte sich vor den größten Wachturm und begann, Laute zu spielen. Neben ihm standen zwei Pagen; der eine hielt ein Schwert, der andere einen Staubwedel aus Federn.

Als Sima Yis Vorhut kam und Zhuge Liang sah, der in seine Musik vertieft war und sich offenbar nicht um einen möglichen Angriff kümmerte, wagte sie nicht, die Stadt zu betreten.

Sima Yi glaubte ihrem Bericht nicht und preschte auf einem Pferd vor, um selbst nachzusehen. Und wirklich fand er Zhuge Liang, der auf der Stadtmauer Melodien spielte, während Leute, die er für Stadtbewohner hielt, unten in aller Ruhe die Straßen fegten. Er schloß, die Idylle könne nur bedeuten, daß eine schreckliche Falle seiner harrte, und befahl den sofortigen Rückzug.

Zhuge Liang führte seine Armee sicher zurück in die Hauptstadt von Shu; dort bestand er darauf, für die Niederlage von Jieting um drei Ränge degradiert zu werden.

Die Tore der leeren Stadt aufzustoßen ist ein riskanter Bluff. Man behauptet, nicht mehr zu sein, als man ist, und hofft, daß andere glauben, man sei sehr viel mehr.

Wer in einem wettbewerbsorientierten Umfeld in der Wirtschaft agiert, hat eine natürliche Vorliebe für Geheimhaltung und Überraschung. Doch hin und wieder kann ein Unternehmen einen Konkurrenten mit Offenheit austricksen. Wenige Hersteller sind bereit, sich selbst durch den Kakao zu ziehen; aber die Gründer der sonderbaren Menagerie namens Teenage Mutant Ninja Turtles (kleine Spielfiguren, die bei Jungen vor dem Teenageralter Furore gemacht haben) haben das chaotische Image ihrer Produktlinie gesteigert, als sie bekanntmachten, daß das ganze Unternehmen als Jux begonnen hatte.

Manchmal kann jemand, der die Tore einer leeren Stadt aufstößt, aufrichtig bemüht sein, andere davon zu überzeugen, daß sie das bekommen, was sie sehen. Politiker übertreiben gewöhnlich sowohl bei Versprechungen als auch bei ihren Leistungen, und so kann der seltene Staatsmann oder die seltene Staatsfrau, die tatsächlich meint, was sie sagt, einen großen Eindruck machen. Mehrere Jahre lang nahmen die USA Gorbatschow seine Friedensangebote nicht ab; als die Sowjetunion zum Beispiel ein einseitiges Testverbot aussprach, folgten die USA der Aufforderung nicht, es ihr nachzutun; und nach einer weiteren Verlängerung des Verbots begann die Sowjetunion dann wieder zu testen. Ende 1989 begannen amerikanische Meinungsführer jedoch zu glauben, daß „die Stadt

doch leer'' sei. Außenminister James Baker erklärte in einer
Rede über Rüstungskontrolle, Gorbatschows Reformen seien
„die klarste Chance seit dem Beginn des Atomzeitalters, die
Kriegsgefahr zu mindern''.

Diese List bedeutet, daß Offenheit über Schwächen im Alltagsleben als Zeichen von Selbstbewußtsein und Stärke aufge-
faßt werden können. Der Boß achtet jemanden, der Probleme
eingesteht, mehr als jemanden, der versucht, sie zu kaschieren; Kollegen wissen es zu würdigen, wenn jemand anderer bereit ist, die Probleme anzuerkennen, Freunde tun ihr Bestes,
um Ihnen bei ihrer Bewältigung zu helfen, und Gegner glauben nicht, daß es wirklich so schlimm ist, wie Sie sagen.

*Wie heikel! Wie stubil! Es gibt kei-*
*ne Situationen, in denen man keine*
*Spione einsetzen kann.*
*(Sun Zi, Die Kunst des Krieges)*

**LIST**

# 33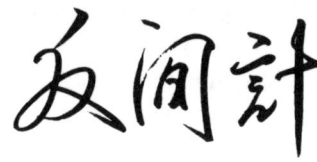

*Fan jian ji*

**Laß den Spion des Feindes
Zwietracht im eigenen Lager
säen**

Spionage ist vielleicht das zweitälteste Gewerbe – doch die
Grundbegriffe haben sich nicht sehr geändert, seit Sun Zi dem
Thema vor 2 500 Jahren ein ganzes Kapitel widmete. Spionage,
Doppelagenten und Spionageabwehr wurden von gegneri-
schen Kriegsherren des alten China mindestens ebenso selbst-
verständlich eingesetzt wie heute von den nationalen Geheim-
diensten moderner Staaten.
Diese List rät dazu, die Agenten Ihres Feindes für Ihre eigenen
Zwecke nutzbar zu machen. Das Paradebeispiel dafür, den
Spion des Feindes Zwietracht im eigenen Lager säen zu lassen,

ist die Geschichte von Jiang Gan, der die wohlerwogenen Pläne seines Herrn Cao Cao unabsichtlich sabotierte.

Wie so viele dieser klassischen Militärgeschichten stammt diese aus der kriegerischen Zeit, als die Östliche Han-Dynastie zugrunde ging und die Drei Reiche entstanden. Cao Cao hatte den Thron von Han unter seine Kontrolle gebracht und sollte später das Königreich Wei gründen; er wollte gerade über den Fluß Yangtze setzen, um gegen seine Rivalen im Süden zu kämpfen – Liu Bei, den Gründer des Königreichs Shu, und Sun Quan, der das Königreich Wu führte. Diese beiden hatten sich gegen Cao Cao vorübergehend verbündet.

Der erste Ansturm stand Sun Quans Truppen bevor. Zwar waren Cao Caos Truppen mehr als zehnmal so stark wie Sun Quans, aber diese hatten den Vorteil, daß sie sich auf den Kampf auf dem Wasser verstanden. Cao Caos Soldaten waren Nordchinesen und hatten keine Erfahrung darin, von Booten aus zu kämpfen. Nach einem Scharmützel auf dem Fluß kam Cao Cao zu dem Schluß, daß seine Truppen eine Marineausbildung brauchten. Diese Aufgabe übertrug er zwei Generälen, die von Wu übergelaufen waren.

Außerdem schickte Cao Cao einen Kundschafter aus, um die Vorbereitungen der anderen Seite zu erforschen. Dies war Jiang Gan – zufällig ein ehemaliger Schulkamerad von Sun Quans Feldherrn Zhou Yu. Jiang setzte über den Fluß und gab vor, einen alten Freund besuchen zu wollen. Zhou Yu tat so, als glaubte er ihm, und bewirtete ihn in großem Stil, nötigte ihn zum Trinken und betonte pausenlos ihre Kameradschaft. Diese Reden und dazu noch der Anblick von Zhou Yus optimistischen Offizieren und Truppen machten Jiang Gan immer nervöser.

Als Jiang Gan schließlich schlafen gehen wollte, bestand Zhou Yu darauf, sein Bett mit ihm zu teilen. Zhou Yu warf sich voll angezogen nieder und fiel in den tiefen Schlaf eines Betrunkenen, doch Jian Gan konnte nicht schlafen. Statt dessen stand er auf, um die Papiere auf Zhou Yus Schreibtisch durchzustöbern. Unter ihnen war ein Brief mit den Unterschriften der beiden Generäle, die Cao Cao als Marineausbilder eingestellt hatte; der Brief offenbarte einen Mordplan gegen Cao Cao. Alarmiert nahm Jiang Gan den Brief und ging zurück ins Bett; er hörte Zhou Yu im Schlaf murmeln: „Jiang Gan, in ein paar Tagen zeige ich dir Cao Caos Kopf."" In der Morgendämmerung schlich Jiang Gan sich fort und fuhr zurück über den Fluß; dann zeigte er Cao Cao den Brief. Wütend ließ Cao Cao die beiden Generäle holen und enthaupten. Erst später erfuhr er, daß er dem Feind auf den Leim gegangen war.

In Die Kunst des Krieges beschreibt Sun Zi fünf Arten der Spionage. Eine besteht darin, Beziehungen im feindlichen Lager zu nutzen – Freunde, Gefährten, ehemalige Schulkameraden, die zufällig auf der anderen Seite gelandet sind. Die zweite Methode ist, Quellen im feindlichen Lager zu kaufen. Geeignete Kandidaten hierfür sind Leute mit Ressentiments: Begabte, die aufs Abstellgleis geschoben wurden, Leute, die Fehler gemacht haben und bestraft wurden, Leute, die ungerecht beschuldigt wurden und rehabilitiert werden wollen – sowie die Gierigen, die Untreuen und die Wankelmütigen. Die dritte Methode ist, eigene Leute ins feindliche Lager zu schicken, entweder verdeckt oder offen, und sie berichten zu lassen. Die vierte ist, entbehrliche Spione zu schicken, die absichtlich falsche Information absetzen, um die Gegenseite irrezuführen, und die möglicherweise geopfert werden müssen, wenn der Feind die List durchschaut. Die letzte Art ist, Spione zu kaufen oder zu benutzen, die der Feind geschickt hat. Sun Zi sah den Einsatz von Doppelagenten – ob sie durch Überredung, mit Geld oder mit Tricks rekrutiert werden wie Jiang Gan – als Schlüssel zum Verstehen und Manipulieren des Feindes.

Sir John Masterman, ein britischer Geheimdienstexperte im Zweiten Weltkrieg, würde dem zweifellos beipflichten. In seiner Studie über Doppelspionage im Krieg bemerkt er, die Führung von Doppelagenten habe zwar Mühe gekostet, aber große Einsparungen ermöglicht. Es ist billiger und wirksamer, die

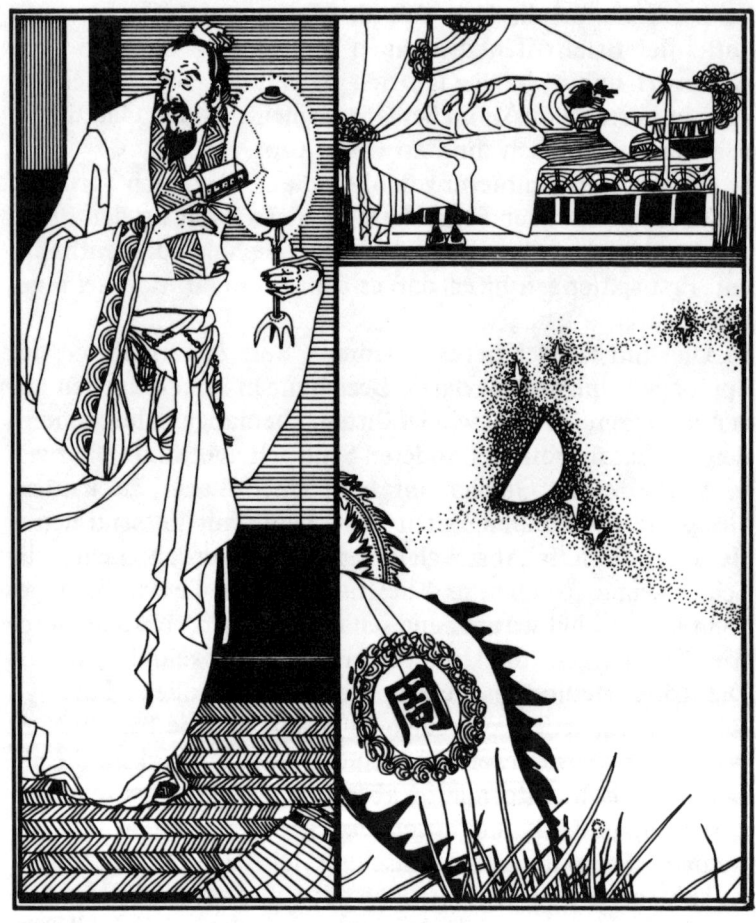

Zhou Yu macht sich Cao Caos Spion Jiang Gan zunutze, um „im Lager des
Feindes Zwietracht zu säen"; Jiang Gan steht vom Bett auf und findet einen
Brief, den Zhou Yu eigens dort plaziert hat und der zwei von Cao Caos Generälen belastet. Aufgrund dieser gefälschten Information richtet Cao Cao
die beiden Generäle hin.

feindlichen Agenten „umzudrehen", als sie zu kassieren, woraufhin der Feind sein Spionagenetz neu aufbauen würde. Der britische Doppelagent Dusko Popov beklagt, daß J. Edgar Hoover und das FBI dieses Prinzip nie verstanden haben. In seinem Buch Spy/Counterspy (Spion/Gegenspion) schreibt er, daß die Amerikaner feindliche Agenten nur verhaften wollten und nicht vorhersahen, daß der Feind sie sofort durch neue ersetzen würde.

Industriespionage ist weitgehend auf Insider als Agenten angewiesen. Die meisten Unternehmungen dieser Art kommen nie ans Licht, aber in der High-tech-Welt, wo viel auf dem Spiel steht, gibt es sehr viele Chancen für Verkäufer wie für Käufer. IBM ließ 1982 vom FBI eine Operation durchführen, die an Industriegeheimnissen interessierte Käufer in die Falle lockte: Statt vertrauliche Dokumente von einer Quelle zu bekommen, die sie vermeintlich gekauft hatten, mußten zwei Ingenieure von der japanischen Elektronikfirma Hitachi erleben, daß man ihnen ihre Rechte verlas. Als der Skandal sich ausweitete, wurden dreizehn Angestellte von Hitachi angeklagt, und ihre Firma schloß am Ende einen Vergleich für 300 Millionen Dollar mit IBM. Ein altchinesischer Intrigant hätte den Plan vielleicht zu einem bösartigeren Extrem getrieben und zum Beispiel den Hitachi-Agenten falsche Informationen geliefert. So weit ging IBM jedoch nicht.

Eine mildere Form der Doppelspionage in der Wirtschaft liegt vor, wenn Geheimnisträger zu einer anderen Firma im selben Sektor überlaufen. Das Geschäft der Headhunter besteht darin, Führungskräfte genau dazu zu überreden. Iacocca war eine gute Wahl für Chrysler, weil er Ford so gut kannte. Als Iacocca später nach jemandem suchte, der Chryslers Bücher in Ordnung brachte, wählte er einen Mitarbeiter aus einer Liste von Ford-Finanzleuten, die er praktischerweise mitgenommen hatte.

Eine Variante der Rekrutierung von feindlichen Führungskräften ist das notorische „Drehtür-Syndrom", bei dem Beamte ihre Regierungsposten mit Posten in der Branche der Privatwirtschaft vertauschen, die sie zuvor bearbeitet haben und umgekehrt.

Trotz alledem können Doppelagenten in der Politik eine positive Rolle spielen. In den Schlachten zwischen Parteien und Cliquen des amerikanischen Kongresses muß zum Beispiel jede Seite Verbündete finden, die zwei Parteien vertreten und im anderen Lager für sie arbeiten können. Solche Leute sind Schlüsselfiguren in der Kompromißfindung, die für das amerikanische Regierungssystem wesentlich ist.

Auch in häuslichen Belangen kann ein Doppelagent eine positive Rolle spielen. Viele Familien haben ihren Friedensstifter, der (oder die) bei einem Streit alle Parteien davon überzeugt, daß er auf ihrer Seite ist, und schließlich zwischen allen vermittelt.

*Einer will schlagen, der andere ist
bereit, sich schlagen zu lassen.*
*(Chinesische Redensart)*

**LIST**

# 34 苦肉计

*Ku rou ji*

**Verwunde dich selbst, um das
Vertrauen des Feindes zu gewinnen**

Diese List beruht auf der Vorstellung, daß die Menschen dazu
neigen, Mitgefühl mit jemandem zu haben, der ein Unglück
erleidet. Sogar der skrupellose Cao Cao konnte von dem Ge-
danken an jemanden, der Schmerzen hatte, erschüttert werden, wie die folgende Geschichte zeigt.

Nachdem Zhou Yu Cao Cao mit einem Trick dazu gebracht
hatte, zwei Generäle zu enthaupten (wie bei der vorigen List
beschrieben), wurde Zhou Yu immer sicherer, daß er Cao Caos Truppen trotz ihrer großen zahlenmäßigen Überlegenheit
besiegen konnte. Einer von Zhou Yus besten Offizieren, der

altgediente General Huang Gai, prangerte diese Zuversicht als
unrealistisch an. Zhou Yu war wütend und hätte Huang Gai
hinrichten lassen, wenn nicht andere Offiziere sich für ihn verwendet hätten. Statt dessen ließ Zhou Yu ihn mit hundert Peit-
schenhieben bestrafen, doch er hörte nach fünfzig auf, als andere wieder protestierten.

In jener Nacht, während der geschundene Huang Gai in seinem Zelt lag, überquerte sein Flügeladjutant Kan Ze den
Yangtze und erreichte Cao Caos Lager, wo er von Kundschaf-
tern aufgegriffen wurde. Kan Ze hatte einen Brief von Huang
Gai bei sich, in dem der General seine Klagen gegen Zhou Yu
erläuterte und den Wunsch äußerte, er wolle überlaufen. Cao
Cao schenkte dem Brief zuerst keinen Glauben; als aber Informanten unabhängig davon berichteten, daß Huang Gai ausge-
peitscht worden war, kam er zu dem Schluß, daß Huang Gais
Mißhandlung sein Angebot glaubwürdig machte. Cao Cao
ließ Huang Gai wissen, er sei mit seinen Truppen willkommen.
Sie trafen eine geheime Vereinbarung, daß Huang Gai in Booten ankommen würde, deren Flaggen einen grünen Drachen
zeigten.

Cao Cao wußte nicht, daß Huang Gai in Wirklichkeit weiterhin Zhou Yu loyal war. Huang Gais Ankunft sollte katastrophale Folgen für Cao haben – diese Geschichte wird im nächsten Kapitel erzählt.

Chinas Chroniken und Legenden enthalten viele andere Beispiele dafür, daß Vertrauen mit selbst beigebrachten Verletzungen gewonnen wurde. Ein Attentäter, der Chinas ersten
Kaiser Qin Shihuang ermorden sollte, brachte den Kopf seines
besten Freundes mit, der vom Kaiser gesucht wurde, um eine
Audienz zu bekommen. In der Frühling-und-Herbst-Periode
verheiratete der König von Zheng seine Tochter mit dem König
von Hu und ließ einen Beamten hinrichten, der für eine Invasion in Hu sprach. Dann griff er überraschend an und eroberte Hu. Und es gibt mindestens zwei Geschichten von Män-
nern, die sich die eigenen Arme abhackten, um das Vertrauen
eines Feindes zu gewinnen.

Diese List wird auf recht grobe Weise von altmodischen chinesischen Straßenkünstlern praktiziert, die Dolche schlucken, sich Eisenstäbe um den Hals legen und sich Nägel in die Nasenflügel stecken, bevor sie den Hut herumgehen lassen. Chinesische Studenten, die im Frühling 1989 auf dem Platz des Himmlischen Friedens in Peking demonstrierten, förderten ihre Bewegung sehr, als sie sich selbst mit einem Hungerstreik Schaden zufügten. Das Drama von ohnmächtigen Studenten, herbeirennenden Sanitätern, heulenden Sirenen und Krankenwagen, die auf den Hauptstraßen hin und her rasten, führte zu einer Flut öffentlicher Sympathie. Bürger aus allen Schichten schlossen sich den Studenten an, und was mit ein paar Tausend Jugendlichen begonnen hatte, schwoll auf Hunderttausende an – und dann für zwei Tage Mitte Mai auf schätzungsweise eine Million, so daß Michail Gorbatschows Gipfeltreffen mit Deng Xiaoping in den Hintergrund rückte.

Eine Form der Selbstverletzung ist manchmal in der Wirtschaft zu sehen, wenn jemand die Verantwortung für ein Problem oder einen Fehler übernimmt. Mitte 1987 wurde einer Chrysler-Einheit und zwei Managern vorgeworfen, sie hätten über 60 000 Fahrzeuge als neu verkauft, die schon gefahren worden waren und deren Kilometerzähler funktionsuntüchtig gemacht worden waren. Chryslers Präsident Lee Iacocca entschuldigte sich öffentlich und stellte Garantien auf die betroffenen PKWs und LKWs aus. Durch diese schnelle und offene Selbstkritik milderte er die Reaktion der Öffentlichkeit auf diese Enthüllung.

Als die Zeitschrift Business Week 1987 aufdeckte, daß Angestellte der Discount-Maklerfirma Charles Schwab & Co. mit Geldern von Kunden spekuliert hatten, übernahm das Topmanagement sofort die Verantwortung – und erklärte gleichzeitig, es habe von dem Vorgang nichts gewußt. So wurde dem potentiellen Ausbruch die Spitze genommen.

Wenn eine Firma in Schwierigkeiten gerät, können Spitzenmanager eventuell die Lage entschärfen, indem sie einen Teil der Probleme selbst auf sich nehmen. Als Continental Airlines

Ende 1983 Konkurs anmeldete, reduzierte der Chef Frank Lorenzo sein Gehalt in ostentativer Opferbereitschaft von 257 000 auf 43 000 Dollar. Natürlich stieg sein Gehalt schnell wieder, nachdem die Angestellten, die nicht entlassen wurden, Lohnkürzungen akzeptiert hatten und Continental finanziell saniert war.

Im Verlagsgeschäft sagt man, daß sogar ein Verriß in der Sonntagsausgabe der New York Times den Absatz eines Buches steigert. Jesse Jackson und andere schwarze Führer protestierten auf einer eigens einberufenen Pressekonferenz gegen Enthüllungen über Martin Luther Kings sexuelle Abenteuer in den 1989 erschienenen Memoiren eines anderen Bürgerrechtlers, des Pastors Ralph Abernathy; daraufhin nahm die Neugier der Öffentlichkeit zu, und das Buch wurde prompt ein zweitesmal aufgelegt.

Schwierigkeiten zerstören manchmal Karrieren, aber manchmal bringen sie sie erst in Schwung. Die japanische Geigerin Midori wurde sofort berühmt, als sie 1986 bei ihrem ersten Auftritt mit dem Boston Symphony Orchestra tapfer die Fassung bewahrte, obwohl ihr bei zwei Geigen nacheinander die Seiten rissen.

Auch in der Politik können Verletzungen Sympathie einbringen. Ronald Reagan ließ natürlich nicht absichtlich auf sich schießen – doch nach dem Attentat stieg seine Beliebtheitskurve steil an. Manche seiner Berater meinen sogar, die Woge öffentlicher Zuneigung nach John Hinckleys Mordversuch im Frühling 1981 sei für die größten Siege seiner ersten Amtszeit in der Legislative verantwortlich gewesen – nur wenige Monate nach dem Attentat wurden Steuersenkungen und ein Haushaltsplan verabschiedet. Und das Wohlwollen nach seiner Darmkrebsoperation 1985 half ihm vielleicht, im Jahr darauf ein Gesetz zur Steuerreform durch den Kongreß zu bringen.

Sie könnten feststellen, daß Verletzungen Ihre Beziehungen mit anderen Menschen vertiefen. Kinder haben offenbar ein untrügliches Gespür dafür, wenn jemand, den sie liebhaben, in Schwierigkeiten ist, und geben ihre gewohnte Selbstbezogenheit auf, um auf das Problem zu reagieren. Ein unbeständiger Liebhaber oder eine unbeständige Geliebte wird vielleicht zärtlicher, wenn Sie krank werden. Andererseits können die Komplikationen einer Krankheit Ihren Schatz auch vertreiben. Schätzen Sie sich glücklich, wenn das der Fall ist – jemand, der nicht zu Ihnen hält, wenn Sie ihn am meisten brauchen, ist nichts für Sie.

> *Wenn zwei Grashüpfer an einen Fa-*
> *den gebunden sind, kann keiner*
> *von beiden entkommen.*
> *(Chinesisches Sprichwort)*

**LIST**

# 35

*Lian huan ji*

**Kette die Kriegsschiffe des Fein-
des zusammen**

Diese List konzentriert sich darauf, aus der Stärke des Gegners Schwäche zu machen. Schiffe zusammenketten bedeutet
Listen anwenden, durch die der Feind sich selbst im Weg ist.
Wenn dies Erfolg hat, wird der Feind sich selbst der schlimm-
ste Feind.

Die List hat ihren Namen von der Methode, mit der eine kleine Armee in der Periode der Drei Reiche eine größere Armee
in einer Schlacht auf dem Yangtze besiegte. Diese Schlacht
folgte auf die in den beiden letzten Kapiteln beschriebenen Ereignisse, bei denen Cao Cao dazu gebracht wurde, zwei Gene-

räle zu enthaupten, die seiner Truppe eine Marineausbildung
geben sollten, und einen anderen General als echten Überläufer zu akzeptieren.

Cao Cao führte ein Heer von über 800 000 Mann, doch er
mußte das Problem bewältigen, seine Soldaten für eine
Schlacht auf dem Fluß vorzubereiten, bevor sie auf ihrem Vorstoß nach Süden den Yangtze überquerten. Die Hauptschwierigkeit für diese Nordchinesen war ihre Anfälligkeit für Seekrankheit.

Der Feldherr Zhou Yu vom Königreich Wu lagerte mit einer
zehnmal kleineren Truppe am Südufer des Flusses und
schmiedete inzwischen Pläne, Cao Caos Flotte zu verbrennen.
Er wußte jedoch nicht, wie er dafür sorgen konnte, daß die
Flammen um sich griffen, da die Boote sich wahrscheinlich
zerstreuen würden, sobald das Feuer gelegt war.

Cao Cao meinte, er habe ausgesorgt, als Pang Tong, ein berühmter Militärstratege, in sein Zelt kam. Pang Tong war vom
gleichen Schrot und Korn wie Zhuge Liang – damals hieß es
über die beiden: ,,Wer einen von ihnen gewinnen kann, wird
China beherrschen.`` Zhuge Liang diente schon Liu Bei, dem
König von Shu, aber Pang Tong hatte sich bisher noch nicht
gebunden. Nun schien er bereit und sogar begierig, Cao Cao
zu dienen. In Wirklichkeit hatte er beschlossen, der anderen
Seite zu helfen.

Als Pang Tong Cao Caos stabile, wohlgeordnete Flotte besichtigte und von der schwachen Konstitution der Nordchinesen
hörte, schlug er einen Plan vor, die Seekrankheit zu überwinden. Er riet Cao Cao, alle seine Schiffe, große und kleine, in
Reihen von dreißig oder fünfzig zu legen, an Bug und Heck
zusammenzuketten und über die Nachbardecks Planken zu legen. ,,Sogar Pferde werden darauf sicher fahren können``, sagte er. ,,Wenn du deine Flotte so befestigt hast, brauchst du
Winde und Stürme nicht mehr zu fürchten, auch nicht die steigende und sinkende Flut.``

Cao Cao befahl seinen Schmieden unverzüglich, große Ketten
zu schmieden, um die Schiffe aneinander zu befestigen. Als

die Schiffe in Reihen aneinandergekettet waren, ging Cao Co
ans Flußufer, um seine Flotte zu inspizieren. Und tatsächlich
preschten die Schiffe trotz eines starken Nordwestwindes mit
gehißten Segeln durch die Wogen wie Kutschen über trockenes
Land. Die Truppen waren entzückt – endlich von ihrem Elend
erlöst, exerzierten sie kraftvoll mit Schwertern und Speeren an
Deck.

Einige Tage später erhob sich ein Südostwind. Cao Cao lachte
zuversichtlich, der Wind blies ihm ins Gesicht, als er die Schiffe am anderen Ufer beobachtete, wie sie in den Wellen schlin-
gerten und tanzten. Plötzlich merkte er, daß einige Boote näher kamen. Seine Kundschafter berichteten, daß zwanzig Boote, auf deren Flaggen grüne Drachen waren, mit vollen Segeln
auf sie zufuhren; eines hatte ein großes Banner mit dem Namen Huang Gai (wie im letzten Kapitel beschrieben, lief er angeblich aus dem gegnerischen Lager über).

Da wurde Cao Cao sogar noch froher, bis einer seiner Berater
darauf hinwies, daß mit den ankommenden Schiffen etwas
nicht stimmte: Wenn Huang Gai wirklich überlief, wären die
Schiffe mit Korn beladen und würden tief im Wasser liegen,
aber diese schwammen obenauf. Alarmiert mobilisierte Cao
Cao Truppen, um sie abzufangen, aber es war zu spät.

Als Huang Gais Flottille fast am Nordufer war, schwenkte er
sein Schwert und setzte seine eigenen Führungsschiffe in
Brand. Der Wind trieb die brennenden Boote auf Cao Caos
Flotte zu, so daß auch sie Feuer fing. Wie ein feuerspeiender
Drache wütete das Inferno über hundert Meilen flußauf und
flußab am Nordufer, wo Cao Caos Boote von ihren Ketten ge-
fesselt waren. Fast alle Möchtegernmatrosen aus dem Norden
verbrannten oder sprangen über Bord und ertranken. Cao Cao
entkam mit einer kleinen berittenen Truppe.

Diese Geschichte zeigt, wie eine vermeintliche Stärke des Gegners sich als Schwäche erweisen kann. In diesem Fall wurden
die Truppen gerade dadurch vernichtet, daß man die Boote zu-
sammenkettete, damit sie auf dem Wasser kämpfen konnten.
Ironischerweise kann es um so mehr Chancen geben, Schwä-

Cao Cao glaubt, es sei schlau von ihm, seine Boote zusammenzubinden, damit seine Soldaten nicht seekrank werden; in Wirklichkeit ist es aber von seinem Rivalen Zhou Yu eingefädelt worden, der die List anwendet, „die
Kriegsschiffe des Feindes zusammenzuketten", damit alle Boote schnell in
Flammen aufgehen, sobald sie in Brand gesteckt sind.

chen zu nutzen, je stärker der Feind zu sein scheint. Die Füh-
rung großer Kräfte erfordert komplexe Kontrollsysteme für
Personal, Nachschub und Kommunikation, und jedes davon
kann angreifbare Schwachstellen haben.
In einer Schlacht im 12. Jahrhundert erwarteten Truppen der
Jin-Dynastie einen leichten Sieg über Truppen der Song-
Dynastie, weil sie eine starke Reiterei hatten. Die Song-
Soldaten hielten die Jin-Armee mit Guerillataktiken den ganzen Tag in Atem, und als es dunkel war, streuten sie gekochte
schwarze Bohnen auf den Boden, über die sich die heißhungri-
gen Pferde der Jin sofort hermachten. Wie sehr ihre Reiter sie
auch peitschten, sie waren nicht von den Bohnen wegzubrin-
gen, so daß die Berittenen, die eigentlich den Sieg garantieren
sollten, unbeweglich dem Angriff ausgesetzt waren. In einer
anderen Schlacht in der Tang-Dynastie ließ eine Seite 500 Stu-
ten los, um die Hengste der anderen Seite verrückt zu machen.
Manchmal nimmt diese List die Gestalt an, dem Gegner etwas
zu geben, auf das er Wert legt, das ihn aber belastet. In der
Periode der Kriegführenden Staaten tötete die Armee des Königreichs Zhao einmal 30000 Soldaten von Qi. Zhao gab Qi
alle Leichen heraus. Das konnte als humanitäres Entgegenkommen gesehen werden, aber tatsächlich schadete es Qi, weil
es seine Ressourcen für Begräbniszeremonien aufbrauchte.
Mao Zedongs Strategie vom „Land, das die Stadt umzingelt",
ist eine gute Anwendung der List, die feindlichen Kriegsschiffe zusammenzuketten. Als der Bürgerkrieg zwischen der Kuomintang und den Kommunisten nach dem Zweiten Weltkrieg
weiterging, überließ Mao Chiang Kai-shek freiwillig 105 Städte. Nachdem Chiang diese Städte besetzt hatte, mußte er Truppen zu ihrer Bewachung abkommandieren und hatte dadurch
nur noch halb so viele Truppen auf dem Schlachtfeld – 58
statt 117 Divisionen.
Heute werden in der internationalen Diplomatie manchmal
Kriegsschiffe zusammengekettet. Anfang 1989 beschuldigten
die USA Libyen, bei Tripolis eine Giftgasfabrik gebaut zu haben, und amerikanische Flugzeuge schossen über dem Mittel-

meer zwei libysche Flugzeuge ab. Libyen wählte diesen Zeit-
punkt dafür, die Leiche eines F-11-Piloten herauszugeben, der
drei Jahre zuvor bei der amerikanischen Bombardierung Libyens abgeschossen worden war. Was aussah wie ein Triumph
der USA, war in Wirklichkeit ein medienwirksamer Schachzug Libyens – ein Ausdruck des guten Willens, der wahrscheinlich die amerikanischen Forderungen abschwächte, die
verdächtige Fabrik zu bombardieren.
Auch die Politik liefert Beispiele. Die plötzliche Kehrtwendung
der kommunistischen Partei Polens, die 1989 die verbotene Soli-
darität legalisierte und Oppositionsparteien zuließ, könnte sich
als Zusammenketten von Schiffen erweisen. Konfrontiert mit Polens lähmenden Wirtschaftsproblemen könnten die Kräfte der
Opposition sich mit der Verantwortung für Dinge wiederfin-
den, die zuvor den Kommunisten angelastet wurden; und was
wie ein Sieg aussieht, könnte letztlich die Niederlage bringen.
Ein faszinierendes Beispiel für das Zusammenketten von
Kriegsschiffen stammt aus der amerikanischen Innenpolitik:
die Kontroverse um die Abtreibungsgesetze. Im Juli 1989 wurde das wichtige Urteil Roe gegen Wade durch eine Entscheidung des Obersten Gerichtshofes aufgehoben, die staatliche
Einschränkungen gegen Abtreibung billigte. Doch nur drei
Monate später erzielte die „Pro choice"-Bewegung („für freie
Entscheidung') in der Gesetzgebung von Florida und im Kongreß erstaunliche Siege, in denen sich das Wissen der Gesetz-
geber niederschlug, daß Amerikaner es nicht mögen, wenn die
Regierung ihnen vorschreibt, was sie in ihrem Privatleben tun
und lassen sollen. Obwohl danach manche Staaten ihre Abtreibungsgesetze verschärft haben, zeigt die Tatsache, daß andere das Gegenteil tun, daß die Bestätigung der Anti-
Abtreibungs-Position durch das Oberste Gericht das Recht
auf Abtreibung ironischerweise fördern könnte.
In der Wirtschaft versuchen Unternehmen, die Konkurs an-
melden, manchmal, die Kriegsschiffe ihrer Gläubiger zusammenzuketten. Ein extremes Beispiel ist der Fall von Jack Stan-
leys Transamerica Natural Gas Corporation, die zweimal ei-

nen Gläubigervergleich beantragte und von zwölf Jahren neun
unter gerichtlicher Aufsicht tätig war. Stanley gestaltete das
Konkursverfahren so kämpferisch wie möglich, bombardierte
Gläubiger mit Prozessen und erschöpfte ihren Willen und ihre
Finanzen. Unterdessen expandierte sein Unternehmen, so daß
es unter den texanischen Erdgasunternehmen jetzt an zweiter
Stelle hinter Exxon steht.

Der Rabatt, eine der gängigsten Techniken der Verkaufsförderung im modernen Einzelhandel, ist eine Art, Kriegsschiffe
zusammenzuketten. Verbraucher kaufen Produkte, die mit
Rabatten angeboten werden, eher – aber sie machen sich nicht
unbedingt die Mühe, die notwendigen Kaufbelege zu sammeln, die richtigen Formulare auszufüllen und das Ganze ein-
zuschicken. Was aussieht wie ein Plus für den Verbraucher, ist
in Wirklichkeit ein Plus für die Firma.

In Ihrer Karriere, Ihrem Alltagsleben, Ihrer Familie und Ihren
persönlichen Beziehungen kann diese List Sie daran erinnern,
daß scheinbar positive Ereignisse auch ein Potential für
Schwierigkeiten bergen können. Eine berufliche Leistung
kann Ihnen die Eifersucht der Kollegen einbringen. Eine Beförderung kann eine zusätzliche Belastung mit Arbeitszeit und
Verantwortung bedeuten, die Ihr Liebesleben ruiniert. Ein bil-
lig gekaufter Gebrauchtwagen kann Sie letzten Endes Geld
und Nerven kosten, wenn er Pannen hat. Aber durch Vorsicht,
Nachforschen, Vorausplanung und Gespür kann man das Potential für Probleme reduzieren.

**LIST**

# 36 走為上

*Zou wei shang*

**Weglaufen**

Laufen Sie weg, wenn alles andere nichts nützt. Diese List ist
die letzte Zuflucht.
Weglaufen heißt allerdings nicht für immer weglaufen. Wenn
Sie einen absolut überlegenen Feind gegen sich haben, können
Sie kapitulieren, einen Kompromiß aushandeln oder den
Rückzug antreten. Kapitulation bedeutet die totale Niederlage, Kompromiß kann auf eine halbe Niederlage hinauslaufen,
aber Rückzug ist gar keine Niederlage. Der Rückzug kann
schlicht nötig sein, um später wieder vorrücken zu können.
Mao Zedong erkannte den praktischen Wert dieser List in seinem berühmten Prinzip über den Guerillakrieg: „Wenn die

Schlacht gewonnen werden kann, kämpfe, wenn nicht, rücke
ab."

Ihre Bedeutung zeigte sich gegen Ende der Periode der Drei
Reiche, als Zhuge Liang, Premierminister und militärischer
Vordenker für das südwestchinesische Königreich Shu, eine
Serie von sechs Feldzügen gegen das mächtigere Königreich
Wei unternahm. Alle sechs endeten erfolglos, und Zhuge
Liang selbst starb beim sechsten an der Front an einer Krank-
heit. Seine Ambition, China zu einen, erfüllte sich nicht, aber
seine Angriffsmanöver hatten wenigstens während seiner Le-
benszeit das Königreich Shu erhalten.

Das Besondere an Zhuge Liangs sechs Feldzügen ist nicht der
Mißerfolg seiner Vorstöße, sondern der Erfolg seiner Rückzüge. Jedesmal mußte er 100000 Mann durch die steilen
Quinling-Berge in das südwestchinesische Becken zurückführen, während die viel stärkere und besser ausgerüstete Armee
von Wei tat, was sie konnte, um sie zu vernichten. Gerade diese
meisterhaften Rückzüge ermöglichten es dem Heer von Shu,
in einem neuen Vorstoß wiederzukommen.

Zhuge Liangs erster Feldzug scheiterte, nachdem einer seiner
Generäle eine strategisch wichtige Stadt verlor und seiner Armee die Vernichtung drohte. An diesem kritischen Punkt
täuschte er seinen Feind aus Wei, Sima Yi, indem er die Tore
der leeren Stadt aufstieß (wie in List 32 beschrieben), und
konnte so seine Truppen zurück nach Shu führen.

Der zweite Feldzug bekam Schwierigkeiten mit der Logistik.
Hier verwendete Zhuge Liang die Technik, „einen Speer über
das Hinterteil des Pferdes zu werfen": Er drängte Sima Yis
Armee mit Macht zurück, bevor er über die Berge entfloh.

Der dritte Rückzug wurde nötig, als Zhuge Liang krank wurde. Seine Truppen wichen zuerst nur zehn Meilen pro Tag zurück und verlockten Sima Yi dadurch, ihnen zu folgen; dann
flankierten sie ihre Verfolger und griffen an. Als die Soldaten
von Shu ihren echten Rückzug antraten, wagte Sima Yi nicht,
ihnen nachzusetzen, und erst nach fünf Tagen erfuhr er, daß
sie tatsächlich weggelaufen waren.

Der vierte Feldzug brachte den Wei viele Schläge bei, doch Sima Yi vereitelte einen letzten Angriff, indem er einen verärgerten Offizier von Shu benutzte, um Zwietracht zu säen (einen Doppelagenten, wie in List 33 beschrieben). Zhuge Liang hatte diesen Offizier, der für Logistik verantwortlich war, wegen Trunkenheit und Pflichtversäumnis diszipliniert. Da ging dieser zu Sima Yi, der ihn heimlich in die Hauptstadt von Shu zurückschickte, um Gerüchte zu verbreiten, Zhuge Liang plane, die Macht an sich zu reißen. Als die Gerüchte dem König zu Ohren kamen, rief er Zhuge Liang nach Hause. Auf dem Rückzug verwendete Zhuge Liang die Taktik, jede Nacht mehr Lagerfeuer anzuzünden, so daß Sima Yi meinte, er bekomme Verstärkung, und ihn nicht verfolgte.

Beim fünften Feldzug konsolidierte Zhuge Liang eine starke Angriffsposition, indem er einen Großteil der Weizenernte von Wei selbst einbrachte. Außerdem konstruierte er ein Spezialfahrzeug, um Korn über krumme Bergstraßen zu transportieren. Diese Mühen wurden jedoch zunichte, als ein anderer Führungsoffizier, der seine Pflichten vernachlässigt hatte, einen Befehl fälschte, der ihn wieder in die Hauptstadt von Chu zurückrief. Dieses Mal legte Zhuge Liang einen Hinterhalt an einem engen Bergpaß, der den einzigen Zugang zum südwestlichen Becken bildete. Sima Yis General und viele seiner Truppen fielen Tausenden von Pfeilen zum Opfer – Zhuge Liang hatte Bögen erfunden, die ohne Unterbrechung schießen konnten.

Man könnte meinen, daß Zhuge Liangs Tod an der Front auf seinem sechsten Feldzug ihn daran gehindert hätte, einen weiteren raffinierten Rückzug einzufädeln. Erstaunlicherweise führte er seinen letzten Rückzug nach seinem Tod an. Die List, die er zusammen mit seinen Generälen auf dem Sterbebett ausheckte, wird in dem klassischen Roman der Drei Reiche so beschrieben:

Als er hörte, daß sein Feind gestorben war und daß die Shu-Armee auf dem Rückzug war, führte Sima Yi seine Armee sofort und voller Freude hinterher, um sie zu verfolgen. Plötz-

lich krachte hinter einem Hügel eine Kanone, ohrenbetäuben-
de Schreie hallten durch die Luft, und die fliehenden Shu-
Truppen drehten sich um und konfrontierten ihre Verfolger
mit wehenden Bannern und Trommelwirbeln. Die höchste
Fahne trug die Zeichen „Premierminister von Han und Herzog von Wuxiang Zhuge Liang". Darunter sah man Zhuge
Liang in einem Wagen sitzen, umgeben von Dutzenden hoher
Shu-Generäle, angetan mit Gewand und Seidenhut, in der
Hand seinen Federfächer. Sima Yi war verblüfft und glaubte,
er sei wieder in eine Falle gegangen; er wendete sein Pferd und
floh. Sima Yis Soldaten waren vor Entsetzen halb wahnsinnig;
sie warfen Helme, Speere und Hellebarden fort und rannten
um ihr Leben. In der panischen Flucht wurden viele von ihnen
zu Tode getrampelt.

In Wirklichkeit war der Zhuge Liang, der Sima Yi so ver-
schreckt hatte, nur eine lebensechte Statue, die vor Zhuge
Liangs Tod geschnitzt worden war, um an ihn zu erinnern. Die
Episode führte zu einem neuen Ausdruck, um eine Person von
ungewöhnlichem Talent zu bezeichnen: „Ein toter Zhuge kann
einen lebendigen Sima in die Flucht schlagen."

Der historische Lange Marsch der chinesischen Kommunisten
in der Mitte der 30er Jahre war ein meisterhaftes und heroi-
sches Beispiel des Weglaufens. Nachdem Mao bei dem letzten
von fünf Feldzügen der „Umzingelung und Erdrückung" von
Chiang Kai-shek schwere Verluste erlitten hatte, brach er aus
der Umzingelung aus und zog nach Norden. Seine Basis in
den Jinggang-Bergen in der Provinz Jiangxi gab er auf. Neun
von zehn Leuten, die den Marsch antraten, starben unterwegs,
manche in der Schlacht, weit mehr an Hunger, Kälte und
Krankheit. Doch 30000 erreichten schließlich ihr Ziel auf der
unfruchtbaren Hochebene der Provinz Shaanxi, wo sie ihre
neue Basis errichteten. Ein Jahrzehnt später, nachdem die Japaner aus China vertrieben waren, widmete Mao seine Aufmerksamkeit wieder der Auseinandersetzung mit Chiang. Nun
brauchten die Kommunisten nur noch drei große Feldzüge und
drei Jahre, um die Kuomintang vom Festland zu vertreiben.

Weglaufen als Technik der Problemlösung hat seine Wurzeln im Taoismus, der die Kunst des Nichthandelns hochschätzt. Sun Bin, der Nachfahre Sun Zis, der dessen Kunst des Krieges neu niederschrieb, nannte diese List „dem Mächtigen vorläufig nachgeben". Letzten Endes stellt sie einen Übergang zu einer neuen Phase dar.

Der Weg zurück ist manchmal schwieriger als der Weg nach vorn, wie Bergsteiger sehr genau wissen. Napoleon stellte dies fest, als der lange Rückzug von Moskau fast seine ganze Armee auslöschte. Scheitern ist leicht, aber gekonnt und erfolgreich scheitern kann schwerer sein als direkter Erfolg. Auch in der Wirtschaft ist es nicht so leicht, wie man glauben sollte, ein unprofitables Unternehmen zu schließen oder ein erfolgloses Produkt vom Markt zu nehmen.

Strategieplanern ist der Begriff der Einstiegsbarrieren vertraut, aber nur wenige haben das Problem der Ausstiegsbarrieren bedacht. Hier einige Faktoren, die den Rückzugsprozeß komplizieren können: Erstens sind spezialisierte Vermögenswerte besonders in großen, kapitalintensiven Unternehmen schwer anderweitig zu plazieren und senken den Liquidationswert einer Fabrik oder Firma. Zweitens geht die Verminderung und Einstellung der Produktion mit Fixkosten einher. Zu diesen gehören Abfindungen und Sozialpläne, und sie werden durch die geringe Produktivität der Mitarbeiter erschwert. Drittens können strategische Überlegungen den Rückzug verhindern, etwa weil das unprofitable Geschäft noch wichtig für den Gesamterfolg des Unternehmens sein kann. Ein Ausstieg kann dem Image der Firma schaden und ihren Zugang zu Kapitalmärkten gefährden. Viertens kann der Stolz, emotionales Engagement und persönliche Identifizierung der Manager mit bestimmten Projekten die Entscheidung behindern, ein Unternehmen zu schließen. Schließlich können gesetzliche Barrieren und gesellschaftlicher Druck dagegenstehen, Fabriken zu schließen und Arbeiter zu entlassen.

Trotzdem kann der Rückzug der einzige Ausweg sein, wenn das Unternehmen gescheitert ist – und je früher, desto besser.

Der Managementberater Tom Peters rät zum „schnelleren
Scheitern"; er meint damit, wenn man mit etwas keinen Erfolg hat, sollte man seine Verluste gering halten und seine be-
grenzten Ressourcen für etwas anderes einsetzen. Procter &
Gamble hatten 1983 die Idee, die Welt der Kekse mit der Einführung von Duncan Hines „weichen Keksen" im Sturm zu
erobern. Kritiker kommentierten: „Sie fühlen sich besser an,
als sie schmecken." Als die Firma sie schließlich aufgab, hatte
sie Dutzende von Dollar-Millionen in das Projekt gesteckt.
Obwohl die meisten Menschen zuversichtlich an neue Unternehmungen herangehen, kann es eine gute Grundregel sein,
die Möglichkeit des Scheiterns vorauszusehen. Eine Methode
der Risikostreuung ist die Diversifikation. Ein chinesisches
Sprichwort lautet: „Ein schlauer Hase hat drei Ausgänge aus
seinem Bau." Ein vergleichbares amerikanisches Sprichwort
besagt: „Lege nicht alle deine Eier in einen Korb." „Eine vergleichbare deutsche Redensart besagt, man sollte nicht alles
auf eine Karte setzen."
Weglaufen muß nicht bedeuten, ein ganzes Unternehmen,
Werk oder Produkt aufzugeben; manchmal ist eine Reduzie-
rung die Antwort. Als ein japanischer Hersteller von Kugel-
schreibern feststellte, daß die Nachfüllminen dazu neigten,
nach ungefähr 200000 Schriftzeichen zu schmieren, löste er
das Problem, indem er die Nachfüllminen kürzer machte, so
daß sie nur noch Tinte für 200000 Schriftzeichen enthielten.
Manchmal kann man mit Weglaufen einen moralischen Sieg
erringen. Diese Anwendung hat in China eine altehrwürdige
Tradition, illustriert in den Geschichten über aufrechte Beamte, die es wagten, ihren Vorgesetzten die Stirn zu bieten – eine
unfehlbare Einladung zum Rausschmiß. Einer der frühesten
war Qu Yan, ein Dichter von Rang und Berater des Königs von
Qu im 3. Jahrhundert v. Chr. Wegen der Hinterlist eines Rivalen wurde sein Rat mißachtet und er seines Amtes enthoben.
Später brachte er das letzte Selbstopfer: Er warf sich in einen
Fluß, als seine Pläne, seinen Heimatstaat vor seinen Feinden
zu retten, gescheitert waren und der König heimtückisch er-

mordet worden war. Qu Yans Andenken wird noch heute in dem jährlichen Drachenbootfest am fünften Tag des fünften Mondmonats begangen.

Ein anderer ehrwürdiger Beamter, der praktisch um seine Verbannung bat, war Hai Rui aus der Ming-Dynastie (1368–1644). Er fiel zweimal in Ungnade – einmal, weil er den Kaiser kritisiert hatte, und das zweitemal, weil er mächtige Grundbesitzer beleidigt hatte. Beim erstenmal wurde er in den Kerker geworfen; beim zweitenmal lief er weg, um ein stilles Leben zu führen, zu malen und zu dichten. Er wird noch heute verehrt.

Einzelpersonen, Massenbewegungen und Regierungen könnten von solchen Beispielen lernen, doch sie machen sich selten die Mühe. Als die USA tief im Morast des Vietnamkrieges steckten, sagte der populäre Senator George Aiken aus Vermont einmal, sein Land sollte „den Sieg erklären und heimgehen". Gewiß wäre das besser gewesen als die Fortsetzung von Zerstörung und Tod, die ohnehin nur mit der Niederlage und Demütigung der USA endete. Die chinesischen Studenten, die im Frühling 1989 den Platz des Himmlischen Friedens besetzten und in den Hungerstreik gingen, hätten vielleicht auch besser daran getan, wegzulaufen. Hätten sie nach zwei Tagen massiver Demonstrationen, die eine Million Sympathisanten auf den Platz brachten, ihre Sachen gepackt, um in ihre Studentenheime zurückzugehen, so wären sie auf dem Gipfel des Ruhmes gewesen – und niemand wäre erschossen worden. Statt dessen blieben sie immer länger, selbst nachdem die Regierung das Kriegsrecht ausgerufen hatte; auf dem Platz sammelte sich der Müll, die Bürger bekamen die Pattsituation satt, die Spannungen stiegen, und schließlich machten die Truppen Gebrauch von ihren Waffen.

Weglaufen kann ein ausdrucksstarker Protest gegen eine Situation sein, die man verabscheut. Als André Schiffrin und eine Reihe anderer Verlagsangestellter Anfang 1990 bei Pantheon Books kündigte, um gegen eine Mentalität zu protestieren, die ihrer Meinung nach die Qualität dem Gewinn opferte, gab es weit mehr öffentliches Interesse an der Frage, als hätten sie einfach den Mund gehalten und mitgemacht – und das Aufsehen dürfte Schiffrin und seinen Kollegen sehr zupaß kommen, wenn sie später einen Konkurrenzverlag gründen wollen, wie gemunkelt wurde.

Doch natürlich muß die List des Weglaufens mit Vorsicht angewendet werden. Man sollte nie kopflos oder aus einem bloßen Fluchtimpuls heraus zu ihr greifen. Wir sollten im Weglaufen nicht ein Mittel sehen, Herausforderungen zu entgehen, sondern einen Weg, um sich ihnen besser zu stellen.

# Anhang:
# Chronologie chinesischer Dynastien

| | |
|---|---|
| Xia | 21.–16. Jh. v. Chr. |
| Shang | 16.–11. Jh. v. Chr. |
| Westliche Zhou | 11. Jh.–770 v. Chr. |
| Östliche Zhou | 770–256 v. Chr. |
|   Frühling-und-Herbst-Periode | 722–256 v. Chr. |
|   Periode der Kriegführenden Staaten | 403–221 v. Chr. |
| Qin | 221–206 v. Chr. |
| Westliche Han | 206 v. Chr.–9 n. Chr. |
| Xin | 9–23 n. Chr. |
| Östliche Han | 25–220 |
| Drei Reiche (Wei, Shu, Wu) | 220–265 |
| Westliche Jin | 265–316 |
| Östliche Jin | 317–420 |
| Nördliche und Südliche Dynastien (Song, Qi, Liang, Chen, Nördliche Wei, Östliche Wei, Westliche Wei, Nördliche Zhou) | 386–581 |

| | |
|---|---|
| Sui | 581–618 |
| Tang | 618–907 |
| Fünf Dynastien (Spätere Liang, Spätere Tang, Spätere Jin, Spätere Han, Spätere Zhou) | 907–960 |
| Nördliche Song | 960–1127 |
| Südliche Song | 1127–1279 |
| Yuan | 1279–1368 |
| Ming | 1368–1644 |
| Qing | 1644–1911 |